BELLA ITALIA

Schönheiten, Kuriositäten und Überraschungen

Eulenspiegel Verlag

Inhalt

Wer hat's erfunden? ... die Italiener

Kanalisation
800 v. Chr.

Hufeisen
(Hipposandale)
um 50 n. Chr.

Nutella
Pietro Ferrero
1940 als »Pasta gianduja«, ab 1964 Nutella

Thermometer
Santorio Santorio
1626

Lesebrille
um 1270

Zement
100 v. Chr.

Alessandro Volta
Batterie
1800

Quecksilberbarometer
Evangelista Torricelli
1644

Notenschrift
Guido d'Arezzo
um 1000

doppelte Buchführung
um 1340

Galvanischer Strom
Luigi Galvani
1791

Pathologische Anatomie
Giovanni Battista Morgagni
1760

Kernreaktor
Enrico Fermi
1942

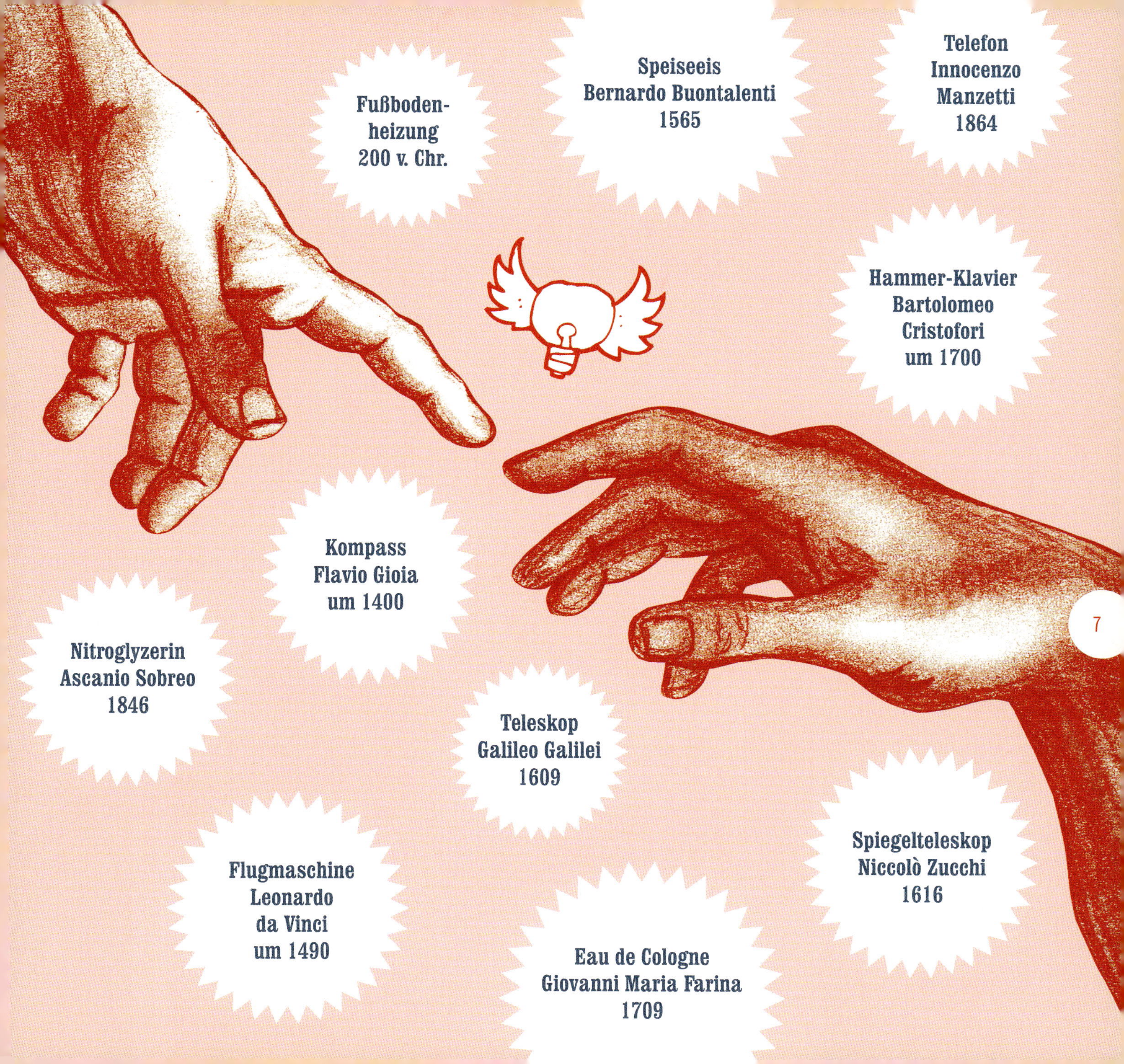
Fußboden-
heizung
200 v. Chr.
Speiseeis
Bernardo Buontalenti
1565
Telefon
Innocenzo
Manzetti
1864
Hammer-Klavier
Bartolomeo
Cristofori
um 1700
Kompass
Flavio Gioia
um 1400
Nitroglyzerin
Ascanio Sobreo
1846
Teleskop
Galileo Galilei
1609
Spiegelteleskop
Niccolò Zucchi
1616
Flugmaschine
Leonardo
da Vinci
um 1490
Eau de Cologne
Giovanni Maria Farina
1709

»KENNST DU DAS LAND,

Martin Luther

Als Pilger reist der Augustinermönch 1510 zu Fuß in die Heilige Stadt. Die antiken Ruinen interessieren ihn wenig, er nimmt Anstoß am sündigen Lebenswandel im Vatikan, und den gerade begonnenen und großenteils durch Ablasshandel finanzierten Bau des Petersdoms missbilligt er. Rom ist für ihn »eine Schutthalde« und »ein Sündenpfuhl«.

Johann Caspar Goethe

Im 18. Jahrhundert leistet sich auch das wohlsituierte Bürgertum Bildungsreisen. 1740, viereinhalb Jahrzehnte vor seinem berühmten Sohn, besucht der gerade promovierte Jurist für mehrere Wochen Venedig, Neapel, Rom und Mailand. Wer Neapel nicht gesehen hat, hat nicht gelebt, sagt er später. Er verfasst ein Reisebuch in italienischer Sprache.

Johann Heinrich Wilhelm Tischbein

Ein Stipendium ermöglicht dem Maler ab 1779 einen Studienaufenthalt in Italien, wo er in einer deutschen Künstlerkolonie lebt. Als Goethe nach Rom kommt, nimmt er bei dem Maler Quartier, gemeinsam reisen sie nach Neapel. Es entsteht das berühmte Gemälde »Goethe in der Campagna«.

August der Starke

Der siebzehnjährige Prinz geht 1687 inkognito als Graf von Meißen auf die obligatorische Grand Tour. Während seiner zweijährigen Bildungsreise kommt er auch nach Venedig, von dem er so beeindruckt ist, dass ihn der Gedanke, Dresden zu einem »Venedig an der Elbe« zu machen, nicht mehr loslässt.

Wolfgang Amadeus Mozart

Zwischen 1769 und 1773 bereist der Komponist mit seinem Vater dreimal Italien. Er besucht Opernaufführungen, wird vom Papst empfangen, in Bologna nimmt man ihn in die Accademia Filarmonica auf, er erhält Kompositionsaufträge, dirigiert Aufführungen, aber die Hoffnung Leopold Mozarts, seinem Sohn eine Anstellung am Mailänder Hof zu verschaffen, erfüllt sich nicht.

Johann Joachim Winckelmann

Ab 1758 reist der Archäologe und Kunsttheoretiker durch Italien, sammelt Material für seine Schriften und wird vom Papst zum Oberaufseher für die Altertümer in Rom ernannt. Mit seiner »Geschichte der Kunst des Altertums« datiert die Entdeckung der griechisch-römischen Antike als Kunstideal und die moderne Kunstgeschichtsschreibung überhaupt.

Johann Wolfgang Goethe

1786 entflieht der Dichter den Zwängen des Weimarer Hoflebens und tauscht den kalten engstirnigen Norden gegen den sonnigen paradiesischen Süden ein, »hier, wo sich schöne Natur paart mit antiker Kultur«. Wie kein anderes Buch prägt seine »Italienische Reise« die Vorstellung von der modernen Bildungsreise, die nicht nur den Sehenswürdigkeiten, sondern auch der Selbstfindung gilt.

wo die Zitronen blühn ...«
15 berühmte Italienreisende

Stendhal

Marie-Henri Beyle nimmt als junger Offizier 1800 an Napoleons siegreichem Italienfeldzug teil und entdeckt seine Liebe zur italienischen Kunst, Musik und Lebensart. Als Romancier und Autor von Reise- und Kunstbüchern nennt er sich später (in Verehrung für Winckelmann nach dessen altmärkischer Geburtsstadt Stendal) Monsieur de Stendhal.

Johann Gottfried Seume

1801 wandert der Schriftsteller vom sächsischen Grimma aus nach Sizilien. Er lobt nicht nur seinen Leipziger Schuhmacher, weil er »in den nämlichen Stiefeln ausgegangen und zurückgekommen« ist, sondern zeichnet in seinem Buch »Spaziergang nach Syrakus« ein lebensnahes, alltagsverbundenes Italienbild jenseits ästhetisierender Verklärungen.

Wilhelm von Humboldt

Der Gelehrte und Staatsmann wird 1802 als »preußischer Resident am päpstlichen Stuhl« nach Rom berufen und macht während seines sechsjährigen Aufenthalts sein Wohnhaus, den Palazzo Tomati, zu einem gesellschaftlichen Zentrum der Stadt und zum Anlaufpunkt vieler Italienreisender.

Karl Friedrich Schinkel

Der Maler und Baumeister bereist 1803 Süditalien, besteigt den Vesuv und macht einen dreimonatigen Abstecher nach Sizilien. Er zeichnet Landschaftsbilder, studiert die Architektur und nimmt wesentliche Anregungen für seine späteren Bauten mit.

Anne Germaine de Staël

Eine mehrmonatige Italienreise, die Madame de Staël 1804 gemeinsam mit August-Wilhelm Schlegel unternimmt, inspiriert sie zu ihrem vielgelesenen Roman »Corinne ou l'Italie«, der von einer kunstbegeisterten Frau im Konflikt zwischen Liebe und Emanzipation erzählt.

Heinrich Heine

»Vergnügen« lässt der Dichter als »Reisezweck« in seinen Pass eintragen, als er 1828 durch Norditalien reist. Mit ironischem Blick schreibt er über das Sehnsuchtsland der Deutschen. »In Italien ist es ja so schön, das Leiden selbst ist hier so schön, in diesen gebrochenen Marmorpalazzos klingen die Seufzer viel romantischer.«

Felix Mendelssohn Bartholdy

1830 reist der Komponist nach Italien; drei Jahre später schreibt er seine »Italienische Sinfonie«, ganz im Zeichen südländischer Lebenslust und Heiterkeit. Sein »musikalisches Tagebuch« einer »unglaublichen Reise« gehört bis heute zu den meistgespielten Werken.

Hans Christian Andersen

1834 unternimmt der Schriftsteller von Dänemark aus die erste von sieben Reisen nach Italien. Er verfasst Reisebücher, aber auch in seinen Märchen finden sich die Eindrücke, die er in der italienischen Landschaft aufnahm.

„Un caffè“

Espresso

sehr starker Kaffee ohne Milch, bei dem das Wasser unter Druck durch das fein gemahlene Kaffeemehl gepresst wird, üblicherweise nur als Caffè bezeichnet

Caffè doppio

doppelter Espresso

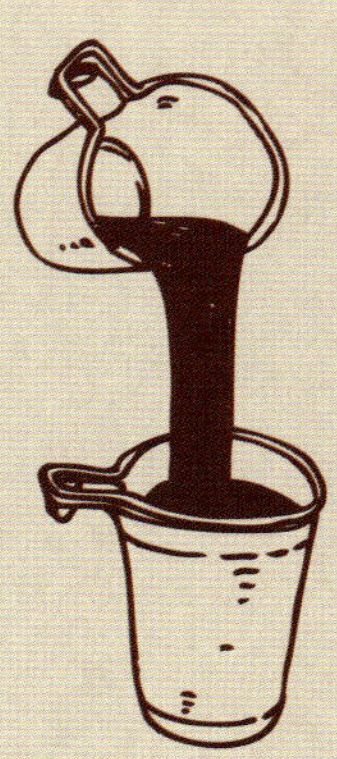

Espresso lungo

Espresso, bei dem die doppelte Wassermenge verwendet wird

Ristretto

Espresso mit sehr wenig Wasser, auf dem sich eine haselnussbraune Schaumschicht – die Crema – befindet

Caffè americano

Espresso, in den zusätzlich heißes Wasser gegeben wird

Cappuccino

je ein Drittel Espresso lungo, heiße Milch und Milchschaum, oft mit Kakaopulver bestreut

Latte macchiato

wie ein Caffè latte aus Espresso und Milch zubereitet, aber mit mehr Milch und aus stärker gerösteten Espressobohnen

Caffè macchiato

Espresso mit einer kleinen Milchschaumhaube

Caffè latte

doppelter Espresso, der im Verhältnis 1:1 mit heißer Milch vermischt und in einem Glas oder in einer Schale serviert wird

Cappuccino con panna

Cappuccino mit Schlagsahne statt aufgeschäumter Milch

Chocolaccino

Cappuccino, mit reichlich geriebener Schokolade bestreut

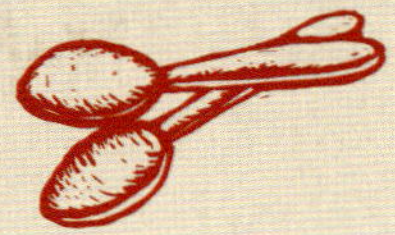

Barbagliata

Espresso und Kakao, warm oder kalt getrunken

per favore!"

Bicerin

Espresso mit Trinkschokolade und Sahne, schichtweise in einem runden Glas serviert

Marocchino

Abwandlung des Bicerin, Espresso mit Milchschaum und Kakaopulver, serviert in kleinen Gläsern mit Henkel

Mischio

Mischung aus Kaffee und Kakao mit Schlagsahne

Caffè corretto

Espresso mit Alkohol, meist Grappa

Caffè grappa

Espresso mit einem separat servierten Grappa

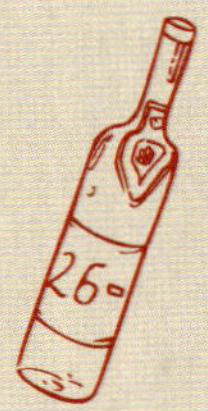

Caffè shakerato

Espresso mit Eiswürfeln im Cocktailshaker schaumig geschüttelt, auch unter Hinzufügung von Amaretto, Vanille-Aroma oder Zitrone

Caffè freddo

Espresso in einem mit eiskalter Milch oder Eiswürfeln gefüllten Longdrinkglas herabgekühlt und mit reichlich Zucker gesüßt

Caffè moca

Gemisch aus gleichen Teilen Espresso und heißer Milch, in das 2 bis 3 Esslöffel flüssige Schokolade oder Kakaopulver gegeben werden

Hoch geehrt

ITALIENISCHE NOBELPREISTRÄGER

Giosuè Carducci
1906 wird der aus der Toskana stammende Lyriker in Würdigung »der plastischen Energie und Frische seines Stils« mit dem Nobelpreis für Literatur ausgezeichnet.

Camillo Gogli
1906 erhält der Mediziner und Physiologe für seine »Arbeiten über die Struktur des Nervensystems« den Nobelpreis für Medizin.

Ernesto Teodoro Moneta
1907 geht der Friedensnobelpreis an den Mailänder Publizisten und Präsidenten der Lombardischen Friedensliga.

Guglielmo Marconi
1909 wird dem Radiopionier und Unternehmer in »Anerkennung seiner Verdienste um die Entwicklung der drahtlosen Telegrafie« der Nobelpreis für Physik verliehen.

Grazia Deledda
1926 wird die aus Sardinien stammende Autorin als zweite Frau in der Reihe der Literaturnobelpreisträger ausgezeichnet.

Luigi Pirandello
1934 vergibt das Stockholmer Komitee den Literaturnobelpreis an den sizilianischen Dramatiker »für seine kühne und sinnreiche Neuschöpfung von Drama und Bühnenkunst«.

Enrico Fermi
1938 erhält der Kernphysiker für die »Entdeckung der durch langsame Neutronen ausgelösten Kernreaktionen« den Nobelpreis für Physik.

Daniel Bovet
1957 wird der Pharmakologe »für seine Entdeckungen synthetischer Verbindungen und deren Wirkung auf das Gefäßsystem und die Skelettmuskulatur« mit dem Nobelpreis für Medizin geehrt.

Salvatore Quasimodo
1957 geht der Literaturnobelpreis »in Würdigung seiner Dichtung, die mit klassischem Feuer das tragische Lebensgefühl der Gegenwart ausdrückt«, an den in Sizilien geborenen Lyriker.

Giulio Natta
1963 erhält der Chemie-Ingenieur gemeinsam mit dem Deutschen Karl Ziegler den Nobelpreis für Chemie »für ihre Entdeckungen auf dem Gebiet der Chemie und Technologie der Hochpolymeren«.

Eugenio Montale
1975 wird dem aus Genua stammenden Lyriker »für seine Dichtung, die menschliche Werte als Ausdruck einer illusionsfreien Lebensanschauung deutet«, der Literaturnobelpreis verliehen.

Carlo Rubbia
1984 nimmt der Kernphysiker für die »Entdeckung der Vermittler schwacher Wechselwirkung« den Nobelpreis für Physik entgegen.

Rita Levi-Montalcini
1986 wird die Neurologin »für ihre Entdeckung des Nervenwachstumsfaktors« mit dem Nobelpreis für Medizin ausgezeichnet.

Dario Fo
1997 erhält der Dramatiker den Literaturnobelpreis in Würdigung »seines volkstümlich-politischen Agitationstheaters«.

The winner is ...

Oscargekrönte Filme aus Italien*

»La Strada – Das Lied der Straße«
Federico Fellini, 1957

»Die Nächte der Cabiria«
Federico Fellini, 1958

»Achteinhalb«
Federico Fellini, 1964

»Gestern, heute und morgen«
Vittorio De Sica, 1965

»Ermittlungen gegen einen über jeden Verdacht erhabenen Bürger«
Elio Petri, 1971

»Der Garten der Finzi Contini«
Vittorio De Sica, 1972

»Amarcord«
Federico Fellini, 1975

»Cinema Paradiso«
Giuseppe Tornatore, 1990

»Mediterraneo«
Gabriele Salvatores, 1992

»Das Leben ist schön«
Roberto Benigni, 1999

* Kategorie »Bester fremdsprachiger Film«

Die Schlusslichter beim Maglia Nera

1946 bis 1951 gab es bei der Italien-Radrundfahrt für das Schlusslicht das Schwarze Trikot – verbunden mit einer Geldprämie, teils höher als die des Zweit- und Drittplatzierten!

1946: Luigi Malabrocca
Eigentlich ein guter Fahrer, hatte Malabrocca beim Giro die Position eines »Wasserträgers« inne und daher keine Chance auf eine gute Platzierung. Er bemühte sich der Prämie wegen um das Schwarze Trikot und wandte etliche Bummel-Tricks an.

1947: Luigi Malabrocca
Wieder konnte Malabrocca genügend Zeit schinden. Welche Qualitäten eigentlich in ihm steckten, zeigte er beispielsweise beim Gewinn des Radrennens Paris–Nantes 1947 und der italienischen Meisterschaft im Querfeldein-Rennen 1951 und 1953.

1948: Aldo Bini
Bini fuhr das Rennen trotz gebrochenen Handgelenks zu Ende – obwohl er in den Bergen öfter mal sein Rad schieben musste.

1949: **Sante Carollo**

Carollo war eigentlich Maurer und kurzfristig als Ersatzmann eingesprungen – schon nach der ersten Etappe lag er eine Stunde zurück. Malabrocca lieferte sich mit ihm einen legendären »Zweikampf«: Er versteckte sich unterwegs in Bars, Scheunen und hinter Hecken. Doch die Rechnung ging nicht auf – als Malabrocca das Ziel Monza erreichte, war die Jury schon weg und hatte ihn einfach mit dem Hauptfeld gewertet.

GIRO D'ITALIA

1950: **Mario Gestri**

Vier Jahre lang war Gestri Wasserträger beim Giro, unter anderem für die Stars Gino Bartali und Fiorenzo Magni. Ein anderer »Erfolg« als das Schwarze Trikot blieb ihm verwehrt.

1951: **Giovanni Pinarello**

Der Begründer der berühmten Fahrradmarke Pinarello feierte als Amateur und Profi selbst einige Erfolge, aber keiner erregte mehr Aufsehen als sein Schwarzes Trikot.

1952: --

Malabrocca war nicht nur erster Preisträger des Schwarzen Trikots, sondern auch dessen Untergang: 1952 bummelte er derart, dass er für ein 40-Kilometer-Teilstück zwischen Novara und Mailand über drei Stunden benötigte. Daraufhin schaffte die Rennleitung das Trikot ab.

ANDERE LÄNDER, ANDERE SITTEN – 12 KURIOSE

In Italien darf jeder Bürgermeister nach eigenem Ermessen Strafen für öffentliches »Fehlverhalten« erlassen – angesichts klammer Kassen eine Regelung mit Folgen.

Im recht sittenstrengen **PALERMO** auf Sizilien können sich Frauen durchaus nackt am Strand zeigen; den Männern ist dies hingegen verboten.

Im venezianischen Städtchen **ERACLEA** ist es untersagt, am Strand Löcher in den Sand zu buddeln oder Burgen zu bauen.

Touristen, die in die Lagunenstadt **VENEDIG** reisen, sollten die Tauben auf dem Markusplatz lieber nicht füttern – es drohen bis zu 450 Euro Strafe; übrigens auch für das Essen auf der Straße, das Herumlaufen mit freiem Oberkörper sowie das Hinlegen auf öffentlichen Plätzen.

In **RAVENNA** darf man an einem Strandabschnitt die ersten 200 Meter nur laufen, nicht liegen.

In **VIGEVANO** bei Mailand ist es verboten, sich in den Schatten eines Denkmals zu setzen. Bußgeld: 160 Euro.

Küssen im Auto? Nicht im kampanischen **EBOLI;** dort drohen 500 Euro Strafe.

In **SIENA** in der Toskana dürfen Frauen mit dem Namen Maria nicht als Prostituierte arbeiten.

Sein Pausenbrot in der Öffentlichkeit zu verspeisen kann für Touristen in **ROM** ans Geld gehen: 50 Euro Bußgeld werden fällig, und die Carabinieri sind hier besonders auf zack.

Streit mit der Verlobten? Nur hinter verschlossener Tür, sonst riskiert man im nordostitalienischen **PORDENONE** eine Geldstrafe.

REGIONALGESETZE

§ In **JESOLO** an der Adria ist es verboten, als Sonnenbrille ein Markenimitat spazieren zu tragen – ganze 1000 Euro Strafe drohen wegen »aktiver Teilnahme am Schwarzhandel«.

§ Auf der Insel **CAPRI** müssen alle Hundebesitzer eine Speichelprobe ihres Vierbeiners abgeben – Ziel des Ganzen: Findet sich irgendwo ein Haufen, kann der Übeltäter mittels DNA-Probe sofort ermittelt werden.

§ Im historischen Zentrum von **GENUA** ist es verboten, alkoholische Getränke in der Flasche herumzutragen. Verstöße werden mit einer Geldbuße bis zu 500 Euro geahndet.

ABER AUCH ITALIENWEIT LAUERN EINIGE TÜCKISCHE GESETZE:

§ Zäune in ländlichen Regionen Italiens sollten mindestens 1,80 m hoch sein – anderenfalls darf jeder Jäger darüber klettern und auf Privatgrundstücken jagen, denn »im Eifer des Gefechts« kann man ihm nun wirklich keinen Vorwurf machen, wenn er ein 1,70-Hindernis übersieht.

§ Trägt ein Mann einen Rock in der Öffentlichkeit, kann er dafür verhaftet werden.

§ Der »Beruf« Scharlatan ist offiziell verboten.

§ Der Kunde ist König – und die Sperrstunde Kaiser: Auch zwei Minuten vorher ist der Wirt noch verpflichtet, seinen Gästen jeden Bestellwunsch zu erfüllen – befindet sich aber eine Minute nach der Sperrstunde noch ein Gast im Lokal, muss der Wirt mit einer Geldbuße zwischen 200 und 400 Euro rechnen.

IN ALLE WINDE VERSTREUT:

Nicht einmal zwanzig Gemälde werden sicher der Hand Leonardo da Vincis zugeschrieben – die meisten erlebten in den vergangenen Jahrhunderten eine wechselvolle Geschichte.

Madonna mit der Nelke (1473–78)
Dieses Frühwerk da Vincis tauchte erstmals Ende des 18. Jahrhunderts auf – in einer Apotheke im beschaulichen Günzburg an der Donau. 1889 schließlich ersteigerte es Josef Haug für ganze 8 Mark aus dem Nachlass der letzten Apothekerwitwe. Noch im selben Jahr verkaufte er es für 800 Mark weiter an die Pinakothek München, die es postwendend als echten da Vinci identifizierte und nicht mehr hergab.

Bildnis der Ginevra de' Benci (1477/78)
Das Auftragswerk zeigt eine 16-jährige Bankierstochter aus Florenz. Ob die Familie es jemals in Empfang nahm, ist unsicher. Im 17. oder 18. Jahrhundert wanderte es jedenfalls ins Fürstenhaus Liechtenstein, von dem es die National Gallery of Art in Washington D.C. 1967 für 5 Millionen $ erwarb – der bis dahin teuerste Gemäldekauf der Welt.

Madonna Benois (1475–78)
1909 wurde dieses Bild ohne Zuschreibung in einer Ausstellung von Gemälden aus Privatsammlungen in St. Petersburg gezeigt. Der Archivar der kaiserlich russischen Museen erkannte die Hand des Meisters darin – eine Sensation! Das Bild war Anfang des 19. Jahrhunderts nach Russland gekommen, 1914 erwarb es Zar Nikolaus II. für umgerechnet 1,5 Millionen $ von der Gattin des Malers Léon Benois für die Eremitage in Petersburg.

Dame mit dem Hermelin (1481)
Dieses Auftragswerk für Ludovico Sforza erwarb um 1800 der polnische Fürst Adam Jerzy Czartoryski als Geschenk für seine Mutter, dann geriet es in die Strudel turbulenter Zeiten: 1831 wurde es im Zuge des Novemberaufstands Richtung Paris entwendet, 1880 kaufte es das Cartoryski-Museum zurück, 1940 wiederum gelangte es als Beutekunst erst ins Bodemuseum, dann nach Bayern. Nach dem Krieg kam es zurück nach Krakau.

Salvator Mundi (um 1500)
Noch 1958 wurde dieses Bild von Sotheby's als vermeintliche Werkstattarbeit für 45 britische Pfund versteigert. Doch mittlerweile sind sich die meisten Experten sicher: Es ist ein echter Leonardo. 2012 hing es in der Londoner National Gallery – aber nur als Leihgabe. Auf einen finanzkräftigen Käufer wartet die Eigentümergruppe um einen New Yorker Händler bisher vergebens.

10 Meisterwerke Leonardo da Vincis

Madonna mit der Spindel (1501–10)
Zwei vermutlich originale Fassungen sind von diesem Gemälde bekannt; eine verkaufte der Vizepräsident der Wildenstein-Galerie in New York Ende der 90er Jahre vermutlich für einen dreistelligen Millionenbetrag an einen privaten Sammler. Auch die zweite Fassung ist in Privatbesitz, beim Duke of Buccleuch in Schottland.

Mona Lisa (1502–06)
Sein heute berühmtestes Gemälde verkaufte Leonardo selbst an Franz I., später gelangte es in den Louvre. Von dort wurde es 1911 gestohlen. Während der zweijährigen Ermittlungen stand selbst Picasso unter Verdacht. Doch beim Versuch, das Bild zu verkaufen, wurde der Täter schließlich in Florenz dingfest gemacht: ein italienischer Handwerker, der das Bild »nach Hause« holen wollte. Doch die italienischen Behörden dachten gar nicht daran, das Werk gleich zurückzugeben, sondern schickten es erst mal auf nationale Museumstournee.

Anna selbdritt (1501–20)
Nach Leonardos Tod gelangten einige Spätwerke in den Besitz des französischen Königs Franz I., darunter auch das Bild von Maria mit ihrer Mutter und dem Jesus-Kind, an dem da Vinci an die zwanzig Jahre arbeitete. 1629 schenkte es Kardinal Richelieu dem französischen König – wo es in der Zwischenzeit verblieben war, ist unklar.

Bacchus (1510–15)
Dieses Bild stellte ursprünglich Johannes den Täufer dar, wurde aber im späten 17. Jahrhundert teilweise übermalt – aus dem Heiligen wurde der Gott von Wein und Rausch. Warum? Wahrscheinlich war Leonardos Täufer für den damaligen Zeitgeschmack zu jugendlich und androgyn für einen Heiligen.

Johannes der Täufer (1510–20)
Seinen Nachlass vermachte da Vinci seinem Schüler Francesco Melzi, dessen Sohn schließlich alles veräußerte – darunter auch dieses Werk. Es weckte die Begehrlichkeiten der europäischen Könige: Ludwig XIII. überließ es 1625 im Tausch gegen zwei andere Bilder Charles I., 1661 kaufte es Ludwig XIV. für den französischen Hof zurück. Die französische Revolution spülte es dann in die Sammlung des Louvre.

4 X FUSSBALLWELTMEISTER!

DIE TRIUMPHE DER

1934 in Italien
2:1 nach Verlängerung gegen die Tschechoslowakei
Torschützen: Raimondo Orsi, Angelo Schiavio

Bei der zweiten WM überhaupt hatten die Italiener Heimvorteil – und einen überaus gnädigen Finalschiedsrichter: Ivan Eklind aus Schweden ließ den Gastgebern etliche harte Fouls durchgehen. Dabei hätte die ganze Mannschaft eigentlich schon bei ihrem Auftaktmatch disqualifiziert werden müssen, weil Spieler zum Einsatz kamen, die nach den Fifa-Vorgaben für den Nationenwechsel nicht spielberechtigt waren.

1938 in Frankreich
4:2 gegen Ungarn
Torschützen: Gino Colaussi (2x), Silvio Piola (2x)

Die WM der Absagen: Die meisten Südamerikaner inklusive Argentinien und Uruguay zogen zurück, weil das Turnier schon wieder in Europa ausgetragen wurde, die USA verzichteten, weil sie ihre Spieler nicht an Sonntagen aufs Feld lassen wollten, und England weigerte sich immer noch, die WM überhaupt als solche zu akzeptieren. Ganz ohne Gegenwehr konnte der Titel trotzdem nicht eingefahren werden.

SQUADRA AZZURRA

1982 in Spanien 3:1 gegen Deutschland

Torschützen: Paolo Rossi, Marco Tardelli, Alessandro Altobelli

Das erste WM-Finale, in dem ein Strafstoß versemmelt wurde: Antonio Cabrini pfefferte seinen Elfmeter in der 26. Minute rechts am Tor vorbei – zum Sieg reichte es trotzdem. Im italienischen Kasten stand mit dem vierzigjährigen Dino Zoff der bis heute älteste Spieler, der je Fußballweltmeister wurde.

2006 in Deutschland 6:4 nach Elfmeterschießen gegen Frankreich

Torschützen: Marco Materazzi (2x), Andrea Pirlo, Daniele de Rossi, Alessandro del Piero, Fabio Grosso

Das erhoffte deutsche Sommermärchen beendeten am Ende die Italiener als Sieger – vor allem durch erfolgreiches Mauern gegen Finalgegner Frankreich. Balsam für die Seelen der gerade durch den Korruptionsskandal in der italienischen Profiliga geschundenen Fans und auch für die Spieler, deren Vereinsmannschaften von Juventus Turin bis Lazio Rom der Zwangsabstieg drohte. Es kam außerdem zum wohl berühmtesten Streit der WM-Geschichte: Der dreimalige Weltfußballer Zinédine Zidane versetzt nach einem Wortwechsel dem Abwehrspieler Marco Materazzi einen Kopfstoß, weil dieser Zidanes Familie beleidigt haben soll. Zidane flog daraufhin vom Platz. Vier Jahre später sollen sich die beiden Streithähne ausgesprochen und versöhnt haben.

DIE ORANGENSCHLACHT

Bei Karneval und Italien denkt man zuerst an die Maskenumzüge in Venedig, doch es gibt noch ganz andere Traditionen: In Ivrea im Piemont findet nach den Umzügen die »Battaglia delle Arance« statt: Acht Mannschaften mit je bis zu 300 Mitgliedern bewerfen menschliche Zielscheiben auf Pferdewagen mit den süßen Früchten, und auch das Publikum bleibt nicht verschont.

ESELRENNEN MIT MELONE

Lust auf ein Esel-Wettrennen? Dann ab nach Kampanien ins Örtchen Altavilla Irpina. Der Brauch, der Mitte August stattfindet, geht auf die Ankunft der Königin von Neapel, Costanza di Chiaramonte, zurück, die in zweiter Ehe den Grafen von Altavilla heiratete. Am Ende des Rennens wird der Königin eine Wassermelone geschenkt.

DER WETTLAUF DER RIESENKERZEN

Am 15. Mai um 18 Uhr startet in den mittelalterlichen Gassen des umbrischen Ortes Gubbio ein Wettlauf mit drei hölzernen Riesenkerzen (»Ceraioli«): fünf Meter hoch, fast sechs Zentner schwer. Auf ihren Spitzen thronen die Heiligen Ubaldo, Giorgio und Antonio. Unter äußerster Kraftanstrengung rennen die Träger den Berg hinauf zur Basilika Sant'Ubaldo. Der Lokalheilige darf natürlich aus der ersten Reihe starten – und da man in den engen, überfüllten Gassen nicht überholen kann, ist der »richtige« Ausgang des Rennens garantiert.

FESTE FEIERN,

BARFUSS-TORTUR

Am ersten Sonntag im September liefern sich die Jugendlichen des Ortes Pacentro in den Abruzzen einen schmerzhaften Wettkampf: Bei der »Corsa degli zingari« rennen sie barfuß den schroffen Berg zum großen Stein »Pietra spaccata« hinauf und zur Marienkirche wieder hinunter – die blutenden Füße sind das Zeichen ihrer Tollkühnheit zu Ehren Marias. Dem Sieger gebührt anschließend ein Triumphzug durchs Dorf.

DIE SCHLANGENFÄNGER

Wer seine Schlangenphobie bekämpfen möchte, kann sich am 1. Donnerstag im Mai in Cocullo in den Abruzzen abhärten. Dort verehrt man den Heiligen San Domenico, und weil zu seinen Reliquien ein Backenzahn gehört, gilt er als Schutzheiliger gegen alle giftigen Bisse. Und wie feiert man das? Indem die Dorfbewohner sich selbst und eine Statue des Heiligen über und über mit Schlangen behängen. Aber keine Sorge: Auf Giftschlangen wird dabei verzichtet.

WIE SIE FALLEN

10 kuriose Volksfeste

DAS FEUERPFERD

Am Weißen Sonntag nach Ostern brennt in Ripatransone die Luft: 1682 kam der Feuerwerksmeister der Stadt auf die Idee, sich auf sein Pferd zu schwingen und mit Knallfröschen, Feuerrädern und Leuchtkerzen behängt durch die Stadt zu reiten. Spätestens 1761 entschied man sich mit Rücksicht auf Leib und Leben, auf ein künstliches Blechpferd ohne Reiter umzusatteln, das seither mit Licht und Lärm des Feuerwerks böse Geister vertreiben soll.

DIE GRÖSSTE BRATPFANNE DER WELT

Seit 1952 findet jeden zweiten Sonntag im Mai im Fischerort Camogli ein kulinarisches Spektakel statt: In einer gigantischen Bratpfanne werden am Hafen ca. 30 000 Portionen frischer Fisch frittiert. Die Edelstahlpfanne ist 2,6 Tonnen schwer, hat einen Durchmesser von 3,85 Metern und einen 5,5 Meter langen Stil. Weltrekord! So ehren die Einwohner den Schutzheiligen der Fischer San Fortunato.

WALNUSSTURNIER

Das »Torneo di Noci« in Monterosso an der ligurischen Küste wird im September zur Erntezeit ausgetragen: Die Nüsse werden als Boccia-Kugeln benutzt und unter lauten Rufen der Dorfältesten durch den Ort getrieben.

FEST DER ACKERFURCHE

Alle Jahre wieder am letzten Sonntag im August treten die Bauern in Rocca di Mezzo in den Abruzzen zur »Festa del solco« an. Gewinner ist die Mannschaft, der es gelingt, über Nacht die längste schnurgerade Ackerfurche zu ziehen. Der Brauch wurde vermutlich im 15. Jahrhundert eingeführt, um die Mutter Gottes zu bewegen, die Pest von der Stadt abzuwenden.

SCHOTTISCHE WEIHNACHT?

In Süd- und Mittelitalien ziehen zum Auftakt der Weihnachtszeit am 8. Dezember (Mariä Empfängnis) die »Zampognari« mit ihren dudelsackähnlichen Instrumenten durch die Straßen. Ursprünglich waren es die Bauern und Hirten, die von den Weiden herunterkamen und mit dem Vortragen von Volksweisen ihr mageres Einkommen aufzubessern versuchten.

HIER WIRD SCHARF GESCHOSSEN:

HARTE JUNGS

Rabenschwarzer Humor und brutale Gewalt sind typisch für den klassischen Italowestern mit markigem Anti-Helden, unrasiert und ungewaschen vor schäbiger Kulisse, den eher Eigennutz als Rechtschaffenheit treibt. In »Django« werden zum Beispiel menschliche Ohren gegessen, und Regisseur **Sergio Corbucci** sagte einmal, er töte mehr Menschen »als Nero und Caligula zusammen«.

SERGIO LEONE UND CLINT EASTWOOD

Mit »Für eine Handvoll Dollar« erweckte **Sergio Leone** das **Genre Italowestern** 1964 zum Leben. Da er nur ein kleines Budget hatte, musste er auf einen noch unbekannten Schauspieler zurückgreifen – und verpflichtete für 15 000 Dollar den TV-Darsteller Clint Eastwood. Sein aufreizend lässiger namenloser Fremder wurde zum Archetypen. Leone sagte einmal über ihn: »Er hat zwei Gesichtsausdrücke: einen mit und einen ohne Hut.«

DER SOUND DER PRÄRIE

»Spiel mir das Lied vom Tod« – wer diesen Filmtitel liest, hört sofort **Ennio Morricones** epischen Soundtrack. Seine einzigartigen Kompositionen mit ungewöhnlichen Elementen wie Blockflöte, E-Gitarre und Kojotengeheul waren stilbildend für das gesamte Genre. 2007 erhielt er den Oscar für sein Lebenswerk.

SPAGHETTI-WESTERN

WEIT UND BREIT KEINE INDIANER

Anders als in amerikanischen Western spielen Konflikte mit den Ureinwohnern in den Spaghetti-Western kaum eine Rolle – das phänotypisch passende Personal war knapp und die Aufarbeitung des historischen Konflikts für die Italiener nicht wichtig. Stattdessen verlegte man die Handlungszeit ins 19. Jahrhundert und stellte die Auseinandersetzung mit mexikanischen Einwanderern in den Vordergrund, die man gut mit südländischen Schauspielern besetzen konnte.

DJANGO

Die Figur des Django hat dank Quentin Tarantino gerade ihre Renaissance erlebt. **Sergio Corbucci** schuf den wortkargen Antihelden, der stets einen Sarg hinter sich herschleppt (als Behältnis für sein Maschinengewehr), 1966 mit **Franco Nero** in der Titelrolle. Offiziell gibt es nur eine Fortsetzung, »Djangos Rückkehr« von 1987, sowohl der Stil des Films als auch der Name seines Protagonisten fanden aber zahlreiche Nachahmer. In der deutschen Synchronfassung wurden viele Filme mit Franco Nero in der Hauptrolle einfach zu Django-Filmen umgetitelt. Ein weiterer namhafter Italowestern-Held ist Sabato, der dank ausgeklügelter Technik auch um die Ecke schießen kann.

DIE ITALIENISCHE EINSTELLUNG

Extreme Nah- und Detailaufnahmen sind eines der wichtigsten Stilmerkmale des Italowestern. Wenn der Zoom sein Maximum erreicht hat und nur noch ein Auge die Leinwand füllt, dann ist das die »italienische Einstellung«. Typisch insbesondere für den Showdown ist auch der schnelle Schnitt zwischen Gesichtern, Händen, Stiefeln und Pistolen.

NOBODY

Gegen Ende der 60er hatte die Schwemme billig produzierter Leone-Nachahmer das Genre an ein Ende gebracht – mit den Persiflage-Filmen des Duos Bud Spencer und Terence Hill erlebte es anschließend eine Blüte ganz anderer Art. 1973 gelang es dann, Ernst und Komik zusammenzubringen: In Co-Regie von **Sergio Leone** und **Tonino Valerii** entstand »Mein Name ist Nobody« mit Terence Hill.

KINSKI

Der urdeutsche Querkopf **Klaus Kinski** hat einige Italowestern auf der Habenseite, darunter den Klassiker »Leichen pflastern seinen Weg«, den sogenannten »Western im Schnee«. Seine Rolle ist ein skrupelloser Kopfgeldjäger namens Loco, was – passenderweise – so viel wie »Verrückter« heißt.

TEUFLISCHE

10 Gemälde aus der Renaissance

Lauert das Böse wirklich überall? Das personifizierte Böse jedenfalls ist auch hinter heiligen Mauern anzutreffen.

GIOTTO: LEGENDE DES HEILIGEN FRANZISKUS (1297–99)
Auf einem Fresko der Abteikirche San Francesco in Assisi vertreibt der Heilige die Teufel aus der Stadt Arrezzo – wie ein Schwarm Raubvögel in Schwarz, Blau und Braun kreisen sie mit Drachenflügeln über den Mauern, und man meint, sie schreien zu hören.

ANDREA DA FIRENZE: HÖLLENFAHRT CHRISTI (1367–69)
So bunt kann die Hölle sein: In dieser Darstellung aus der Kirche Santa Maria Novella in Florenz tummeln sich Teufel in Goldgelb, Rot und Blau, schlank und drahtig und mit unterschiedlichen Tierattributen versehen. Nur die Flügel haben sie alle gemeinsam.

FRA ANGELICO: DAS WELTGERICHT (1432/33)
Die Hölle als Suppentopf: Im Museum von San Marco in Florenz kann man den Teufel als türkisblauen Yeti mit Hörnchen bewundern, der in einem brodelnden Topf sitzt und Menschen in sich hineinstopft. Kleine Hilfsteufel bereiten rundherum die nächsten Mahlzeiten vor: Die Streitlustigen werden zerstückelt, die Geizigen mit geschmolzenem Gold gestopft. Guten Appetit!

VINCENZO FOPPA: PETRUS ENTLARVT DIE FALSCHE MADONNA (1462–68)
In der Mailänder Kirche Sant'Eustorgio ist das Böse aufs Wesentliche reduziert: Als Petrus dem Teufel in Gestalt der Maria mit Kind eine Hostie vorhält, treten Hörner aus der Stirn hervor – das genügt als Entlarvung.

MARCELLO VENUSTI: DER HL. BERNHARD ERDRÜCKT DEN DÄMON (1563/64)
In der Pinakothek des Vatikan hängt dieses Gemälde, das den Teufel völlig am Boden zeigt: Ziemlich klein, dunkelbraun wie der Hintergrund und an die Kette gelegt verschwindet er fast unter dem Glanz des standfesten Heiligen. Nur die gelben Äuglein unter spitzen Hörnern glimmen noch matt.

LUCA SIGNORELLI: DIE VERDAMMTEN (UM 1500)
Der wohl bedeutendste Bilderkosmos rund um die Abgesandten der Hölle ist im Dom von Orvieto zu bestaunen: Nackte Menschen und nackte Teufel mischen sich bis zur Unkenntlichkeit, oft kennzeichnet nur noch die unnatürliche Hautfarbe die höllischen Kaltblüter. Die Quälereien, die sie mit den Menschen veranstalten, sind dafür umso expliziter.

MICHELANGELO: DAS JÜNGSTE GERICHT (1534–41)
Das Deckengemälde in der Sixtinischen Kapelle zieht jedes Jahr Scharen von Touristen an, die gebannt anschauen, wie Gott den Finger nach Adam ausstreckt, um ihm Leben einzuhauchen. Hier ist vom Teufel keine Spur – anders als auf dem zwanzig Jahre später entstandenen Altarfresko, wo der Teufel – grün, bullig und mit Widderhörnern – die Verdammten in die Hölle treibt.

FANTASIEN

SANDRO BOTTICELLI: DIE VERSUCHUNG CHRISTI (1481/82)
Auch dieses Fresko in der Sixtinischen Kapelle zeigt den Teufel nur klein und unscheinbar am oberen Bildrand, dafür aber gleich dreimal; und trotz der Verkleidung als harmloser alter Mann kann er seine Insignien nicht verbergen: Die Fledermausflügel spieken aus dem Mantel, er offenbart Klauen, Schwanz, Fell und Ziegenohren – dieser Renaissance-Teufel ist ganz klar von den antiken Satyrn inspiriert.

COSIMO ROSSELLI: DAS LETZTE ABENDMAHL (1481)
Die Abendmahlsszene in der Sixtinischen Kapelle sieht auf den ersten Blick friedlich und teufelsfrei aus. Doch wer genau hinschaut, entdeckt in Judas' Nacken einen geflügelten braunen Kobold, der ihm den Verrat einflüstert. Und im Vordergrund kämpft eine Katze – das symbolische Tier des Teufels – mit einem Hund, der traditionell für Treue steht.

MAESTRO DI CASTELSARDO: DER ERZENGEL MICHAEL (1498–1500)
Der arme Teufel, den Michael in der Peterskirche in Tuili mit der Lanze erlegt, kann einem fast leidtun: schon ganz grün im Gesicht, die Hühnerbeinchen nutzlos, der Schwanz liegt ergeben auf dem Boden. Das scheint kein ernstzunehmender Gegner für den Erzengel zu sein.

Pasta, was sonst?

Anelli	Ringe
Barbine	Nudelnester aus Fadennudeln
Bucatini	dünne Hohlnudeln
Calamarata	ringförmige Hohlnudeln
Campanelle	kurze, gerollte Röhrennudeln
Candele	dicke, sehr lange Hohlnudeln
Cannelloni	dicke Nudelröhren zum Füllen
Canneroni	dicke, kurze Hohlnudeln
Cavatappi	Korkenzieher
Cavatelli	Röhrennudeln
Celentani	Locken
Chifferi	Hörnchen
Conchiglie	Muschelnudeln
Conchiglioni	sehr große Muschelnudeln
Corallini	kleine, hohle Suppennudeln
Creste di Gallo	Hahnenkämme
Ditali	Hütchen
Ditalini	Fingerhütchen, kleine, kurze Hohlnudeln
Eliche	riesige Spiralnudeln
Fagottini	kleine gefüllte Teigtäschchen
Farfalle	Schmetterlinge
Farfalline	kleine Schmetterlinge
Farfalloni	große Schmetterlinge
Fettuccine	etwas schmalere Bandnudeln
Fettucelle	schmale Bandnudeln
Fisarmoniche	gedrehte Nudeln mit Wellen
Fricelli	Nudeln aus kleinen gerollten Teigscheiben
Fusilli	Spiralen
Fusilli Bucati	etwas engere Spiralen
Fusilli Lunghi	lange Spiralnudeln
Garganelli	geriffelte Röhrennudeln
Gemelli	zwei gedrehte und miteinander verzwirbelte Nudeln
Gnocchi	kleine, nudelähnliche Klöße aus Kartoffelteig und Mehl
Grattini	kleine Klumpen aus Nudelteig
Lasagne	Nudelteigplatten
Linguine	sehr schmale Bandnudeln
Lumache	Schneckennudeln
Maccheroni	lange Hohlnudeln

77 Nudelsorten

Mezzalune .... halbmondförmige Nudeln
Midolline .... kleine, kornförmige Nudeln
Ondine .... gewellte Lasagneplatten
Orecchiette .... Öhrchen
Pappardelle .... breite Bandnudeln
Penne .... schräg abgeschnittene Röhren
Penne Lisce .... glatte Penne
Penne Rigate .... geriffelte Penne
Pennoni Lisci .... dicke, schräg abgeschnittene Röhren
Pizzoccheri .... Buchweizennudeln
Puntine .... sehr kleine Suppennudeln
Quadrefiore .... Quadrate mit geriffelten Kanten
Quadretti .... viereckige Suppennudeln
Ravioli .... rechteckige, gefüllte Nudeltaschen
Reginette .... am Rand gewellte Bandnudeln
Riccioli .... gedrehte Nudeln
Ricciutelli .... kleine gedrehte Suppennudeln
Rigatoni .... dicke, geriffelte Röhren
Risoni .... reiskornförmige Nudeln
Rotelle .... Räder

Saccottini .... kleine gefüllte Täschchen
Sedani .... leicht gebogene, dicke Röhren
Sedanini .... leicht gebogene, dünne Röhren
Spaghetti .... lange Nudeln
Spaghetti alla Chitarra .... viereckige Spaghetti
Spaghetti Rigati .... geriffelte Spaghetti
Spaghettini .... sehr dünne Spaghetti
Spaghettoni .... dicke Spaghetti
Stelle .... Sterne
Stelline .... Sternchen
Tagliatelle .... Bandnudeln
Taglierini .... dünne Bandnudeln
Tagliolini .... sehr dünne Bandnudeln
Tempestine .... sehr kleine runde Suppennudeln
Tortellini .... ringförmige Nudeltaschen
Tortelloni .... große, gefüllte Teigtaschen
Vermicelli .... mitteldicke Spaghetti, Fadennudeln
Ziti .... lange, schmale Röhren
Zitoni .... große, schmale Röhren

Italien im Schlager

Bevor die Deutschen dank des »Wirtschaftswunders« Italien als Urlaubsland erobern, bedienen die Schlager das Fernweh und verheißen das süße Nichtstun, das »dolce far niente«, unter strahlender Sonne – mit viel Amore und rotem Vino.

Rudi Schuricke »Capri-Fischer«

Wenn bei Capri die rote Sonne im Meer versinkt
und vom Himmel die bleiche Sichel des Mondes blinkt,
ziehn die Fischer mit ihren Booten aufs Meer hinaus,
und sie werfen im weiten Bogen die Netze aus …

René Carol »Rote Rosen, rote Lippen, roter Wein«

Rote Rosen, rote Lippen, roter Wein
und Italiens blaues Meer im Sonnenschein.
Rote Rosen, rote Lippen, roter Wein,
laden uns ein, laden uns ein.

Willy Hagana »So ein Milano-Mandolino«

So ein Milano-Mandolino zieht mit Musik
von Haus zu Haus,
und klingt dann seine Mandolina
wirft manche Signorina ihr Geld zum Fenster raus.
Wenn ein Milano-Mandolino auch leider kein Caruso ist,
das ist für bella Antonella, für Gina oder Tina
egal, wenn er sie küsst.
Dann hört man keine Mandolina,
denn dann küsst er die Bambina, oholala.
So ein Milano-Mandolino, der bringt Musik in jedes Haus,
doch in der Nacht bei rotem Vino,
da gibt der Mandolino die Lire wieder aus.

Caterina Valente mit Peter Alexander & Silvio Francesco »Komm ein bisschen mit nach Italien«

Komm ein bisschen mit nach Italien,
komm ein bisschen mit, weil sich das lohnt,
denn am Tag scheint dort die Sonne,
und am Abend scheint der Mond.
Aber dann, aber dann,
zeigt ein richtiger Italiener, was er kann.
Aber dann, aber dann,
fängt beim Sternenschein die Serenade an.

DER 50ER JAHRE

Vico Torriani »Wie schade, dass Venedig noch so weit ist«

Ich weiß, dass eine Gondel für uns frei ist,
sie fährt mit uns den Weg zur Seligkeit,
beim Vino schwört man, dass man sich immer treu ist,
doch leider ist Venedig noch so weit.

Peter Kraus »Va Bene«

Va bene, va bene, ich bin ja so verliebt,
und zwar in dich, Signorina.
Va bene, va bene, wie schön, dass es dich gibt,
sag mir si si oder ja.

Lys Assia »Arrivederci Roma«

Arrivederci Roma, leb wohl, auf Wiedersehn!
Wer dich einmal sah, der muss dich lieben,
viele Dichter haben dich beschrieben,
doch nur wer dich kennt,
kann meine Sehnsucht auch verstehn.

Ralf Bendix »Buona sera, Signorina«

Buona sera, Signorina, buona sera.
Buona sera auch für dich, mein Napoli.
Buona sera, Signorina, buona sera,
den Mond, die Sterne und auch dich vergess ich nie.

Bill Ramsey »Gina, Gina«

Gina, Gina, Miss Miss Selina, wann machst du mich froh,
oder wartet irgendwo dein Romeo?
Ich möchte fort sein und gerne dort sein.
Ich möcht im Süden sein und dort zufrieden sein.
Und die Gitarren und Mandolinen,
die hör ich alle schon im Traum.

Peter Alexander »Mandolinen und Mondschein«

Du hattest irgendwas, Signorina, das mich gleich betört,
drum war es wunderbar, Signorina, dass du mich erhört.
Da ist bei Mandolinen und Mondschein,
Mandolinen und Mondschein in der südlichen Nacht
die große Liebe in mir, die große Liebe zu dir erwacht.

»Der Liebe leichte Schwingen trugen mich«

Zu den biografischen Rätseln um Shakespeare gehört auch die Frage: Setzte der Dichter je seinen Fuß auf italienischen Boden? Oder griff er ausnahmslos auf literarische Quellen zurück?

»DIE BEIDEN VERONESER«

Valentin und Proteus sind die beiden Herren aus Verona. Valentin verlässt die Stadt und reist nach Mailand, per Schiff – fraglich, verfügen doch beide Städte über keinen Seehafen. Die Verteidiger der These, Shakespeare habe aus eigener Anschauung über Ortskenntnisse verfügt, führen an, dass eine solche Reise über ein Netz von Flüssen und Kanälen im 16. Jahrhundert durchaus möglich gewesen sei.

»OTHELLO«

Othello mit dem Beinamen »der Mohr von Venedig« hält sich als venezianischer General auf Zypern auf, wo auch die meisten Szenen spielen. Lediglich der erste Akt hat Venedig zum Schauplatz – genauer: den »herzoglichen Palast« und verschiedene, nicht konkret benannte Straßen.

»WAS IHR WOLLT«

Die Regieanweisung sagt: »eine Stadt an der Küste von Illyrien«. Vermutlich steht die einstige römische Provinz an der Adriaküste der Balkanhalbinsel als poetische Ortsangabe für einen »unbekannten Landstrich« und Ort der Einbildung, was durch das Wortspiel Illyria und Illusion unterstrichen wird. Zu Shakespeares Zeiten war Illyrien durch die Herrschaft der venezianischen Republik geprägt.

»DER WIDERSPENSTIGEN ZÄHMUNG«

Die Liebeskomödie spielt in Padua. Den jungen Lucentio aus Pisa führt »der heiße Wunsch, Padua zu sehn, der Künste schöne Wiege« in die »fruchtbare Lombardei … des herrlichen Italiens lust'gen Garten«.

»DER STURM«

Prospero, der Herzog von Mailand, hält sich auf einer – fiktiven? – Insel auf, wohin er zwölf Jahre zuvor geflohen ist. Mittels Zauberkraft zwingt er die Flotte des Königs von Neapel auf der Rückreise von Tunis auf diese Insel. Unter Beachtung der Schiffsroute und der Angaben, die im Stück über die geografische Beschaffenheit, die Fauna und Flora der Insel gegeben werden, muss es sich um die Insel Vulcano, eine der Liparischen Inseln vor der Nordküste Siziliens, handeln.

Shakespeare-Stücke, die in Italien spielen

»DER KAUFMANN VON VENEDIG«
Nicht nur auf den Straßen und Plätzen Venedigs treffen die Kontrahenten aufeinander. Wichtige Szenen spielen auf einem »Belmont« genannten Landsitz auf dem Festland - möglicherweise die um 1560 erbaute und im 20. Jahrhundert sorgfältig restaurierte Villa Foscari.

»DAS WINTERMÄRCHEN«
Der Palast des Königs von Sizilien und die Küste Siziliens sind Schauplatz der Handlung, in deren weiterem Verlauf die Tochter des Königs an der böhmischen Küste ausgesetzt wird – ein fiktiver Handlungsort, der als »Böhmen am Meer« zum Inbegriff einer poetischen Ortsangabe wurde.

»ROMEO UND JULIA«
Das Stück führt nach Verona und das rund 50 Kilometer entfernte Mantua, wohin Romeo verbannt wird. In Verona steht in der Via Cappello 27 das angebliche Elternhaus der Julia. Der berühmte Balkon im Innenhof, auf dem sich die beiden ihre Liebe gestehen, wurde nachträglich für die Touristen angebaut. Rund 300 Meter entfernt befindet sich in der Via Arche Scaligere das angebliche Haus der Montagues.

»VIEL LÄRM UM NICHTS«
Die Komödie über Liebe und Intrigen spielt in Haus und Garten des Gouverneurs von Messina, der Stadt, die »das Tor Siziliens« genannt wird.

»ENDE GUT, ALLES GUT«
Das Stück spielt teils in Frankreich, teils in der Toskana, vor allem im herzoglichen Palast von Florenz und auch in der Stadt selbst.

Romeo und Julia mit Happy End

Der Antrag

Leider fast vergessen: Der Mann hält mit einem nächtlichen Ständchen, der »Serenada«, um die Hand seiner Liebsten an. Oder der Verliebte legt einen Holzklotz vor die Tür der Angebeteten. Holt sie ihn herein, heißt das: »Ja!«

Die Verlobung

War die baldige Hochzeit verkündet, wurde in alten Zeiten das Haus der Braut bis zum großen Tag üppig mit Blumen geschmückt, damit jeder an ihrem Glück teilhaben kann. Mit jedem Gast, der in dieser Zeit das Haus der Braut oder des Bräutigams besucht und dort eine süße Mandel isst, vermehrt sich das zukünftige Glück.

Der Termin

Hochzeiten am Dienstag oder Freitag und am 13. oder 17. eines Monats sollen Unglück bringen, der Samstag ist traditionell der Hochzeitstag für Witwen. Am liebsten heiraten die Italiener jedoch am Sonntag.

Am Tag vor der Hochzeit …

trug die Braut früher grün – die Farbe der Fruchtbarkeit.

Der Weg zur Kirche

Die meisten Paare treffen sich erst in der Kirche, wo der Bräutigam auf die Braut wartet. Aber in einigen Gegenden gibt es noch einen alten Brauch: Während Braut und Bräutigam zu Fuß zur Kirche schreiten, legen ihnen die Dorfbewohner Hindernisse in den Weg, um zu prüfen, ob sie holprige Situationen meistern können. Liegt ein Besen im Weg, den die Braut aufnimmt, ist das ein gutes Zeichen für eine tüchtige Hausfrau.

Zur Trauung …

sollte die Braut auf Goldschmuck verzichten, sonst droht Unglück. Der abergläubische Bräutigam hingegen trägt ein Stück Eisen bei sich, das böse Geister vertreiben soll.

Heiraten auf Italienisch

100 glückliche Jahre

Nach der Zeremonie zerschmettern die frischgebackenen Eheleute mancherorts eine Vase oder ein Glas – die Zahl der Bruchstücke symbolisiert die glücklichen Jahre, die vor ihnen liegen. Dazu rufen die Trauzeugen: »Per cent'anni« (auf hundert Jahre), das Brautpaar antwortet mit: »Evviva!«

Gastgeschenke

Seinen Gästen schenkt das Brautpaar »Confetti« – das sind gezuckerte Mandeln, die das Zusammenspiel von süß und bitter in der Ehe symbolisieren (unbedingt in ungerader Zahl) – in einer »Bomboniera«, ein kleines Andenken aus Porzellan, Kristall oder Silber. Die frisch Vermählten selbst erhalten in erster Linie Geldgeschenke.

Das Essen

Das Gastmahl steht im Zentrum des Hochzeitsfestes und muss unzählige Gänge umfassen. Der Aufwand, den das Brautpaar für Essen und Location betreibt, ist auch die Richtschnur, wie üppig die Geschenke ausfallen.

Das Fest

Während der Feier rufen die Gäste oft »Bacio! Bacio!«, damit das Brautpaar sich küsst. Und sie geben erst Ruhe, wenn sie mit der Intensität des Kusses zufrieden sind. Wenn es lustig zugeht, zerschneiden die Freunde des Bräutigams dessen Krawatte und verscherbeln die Stücke unter den Gästen.

ALLES KLAR AUF

DAS GRÖSSTE SCHIFFSUNGLÜCK DER GESCHICHTE

255 v. Chr. gerät die Römische Kriegsflotte nach der Seeschlacht bei Kap Bon auf der Rückfahrt von Afrika vor Sizilien in einen starken Sturm. Etwa 300 Schiffe gehen unter, bis zu 100 000 Soldaten, Ruderer und Gefangene finden den Tod.

UNFALL ODER SABOTAGE?

Im Hafen von Brindisi bricht am 27. September 1915 auf der »Benedetto Brin«, einem Linienschiff der italienischen Marine, ein Feuer aus und verursacht mehrere schwere Explosionen. 454 Seeleute kommen ums Leben. Die Umstände der Katastrophe konnten nie geklärt werden, möglich, dass ein Sabotageakt verübt wurde.

EXPLOSION AUF KRIEGSSCHIFF

2. August 1916: Im Hafen von Taranto explodieren durch einen Brand auf dem Schlachtschiff »Leonardo da Vinci« die Munitionskammern. Innerhalb von 45 Minuten sinkt das Schiff. Von den 1190 Besatzungsmitgliedern sterben 248. Auch in diesem Fall beharrt die italienische Marine lange auf der Version, österreichische Saboteure hätten das Schiff versenkt, doch die Selbstentzündung der Treibladung gilt als erwiesen.

»TITANIC DES MITTELMEERES«

Das Dampfschiff »Sirio« befördert Passagiere, Post und Fracht von Italien nach Südamerika. Am 4. August 1906 läuft das Schiff vor der Südostküste Spaniens auf ein Felsenriff, kentert und sinkt innerhalb weniger Minuten. 442 Passagiere und Besatzungsmitglieder kommen ums Leben.

UNTERGANG VOR MITTELMEERKÜSTE

Über 600 Menschen, darunter zahlreiche jüdische Passagiere auf der Flucht vor dem Nationalsozialismus, sind an Bord der »Orazio«, die von Genua nach Barcelona fährt, als am 21. Januar 1940 bei Toulon ein Dieselmotor explodiert. Das Schiff brennt aus und sinkt. 106 Passagiere kommen ums Leben.

Kollision im Nebel

Die 1951 vom Stapel gelaufene »Andrea Doria« ist das größte und schnellste Passagierschiff der italienischen Flotte jener Zeit. Auf der Fahrt nach New York kollidiert sie am 25. Juli 1956 mit dem schwedischen Passagierschiff »Stockholm«. 1660 Menschen können gerettet werden, 46 finden den Tod. Elf Stunden nach der Kollision sinkt der Luxusliner. Auf der »Stockholm« gibt es fünf Todesopfer. Sie nimmt 545 der geretteten Passagiere auf und fährt nach New York zurück.

Chaos bei Rettungsmassnahmen

Am 10. April 1991 kollidiert im Hafen von Livorno das italienische Fährschiff »Moby Prince« mit einem Tankschiff. Bei dem entstehenden Brand werden 140 Personen auf der Fähre getötet, die meisten sterben an Rauchvergiftung. Der Kapitän des Tankers geht von der Kollision mit einem Lastkahn aus, Rettungskräfte werden nur zu dem Tanker geschickt, dessen Besatzung gerettet werden kann. Fast 3000 Tonnen Rohöl fließen aus.

Flüchtlingsschiff aus Afrika

Am 7. März 2002 kentert vor der Küste der Insel Lampedusa ein mit etwa 60 Flüchtlingen aus Afrika beladenes Boot in schwerer See. Die italienische Küstenwache und einheimische Fischer können elf Menschen retten.

Untergang eines Ozeandampfers

Die »Principessa Mafalda« ist auf dem Weg von Genua nach Buenos Aires, als es am 25. Oktober 1927 vor der brasilianischen Küste zu einer Havarie kommt und das Schiff mit dem Heck voran untergeht. Von den 1252 Menschen an Bord kommen 314 ums Leben.

Der Andrea Doria!

10 Schiffsunglücke

Ende einer Kreuzfahrt

Das italienische Kreuzfahrtschiff »Costa Concordia« läuft am Abend des 13. Januar 2012 vor Monte Argentario nahe der Insel Giglio auf einen Felsen auf und kentert später in Küstennähe. Die Evakuierung der Passagiere verläuft chaotisch. Von den mehr als 4 200 Menschen an Bord finden 32 den Tod.

Landesweite Feiertage

Capodanno (1. Januar, Neujahr)

Als Glücksbringer und Liebesbotschaft verschenken die Italiener rote Unterwäsche – man trägt sie in der Silvesternacht und wirft sie am Neujahrstag weg. Böse Geister werden mit Böllern vertrieben, es darf aber auch richtig gepoltert werden: Geschirr wird auf die Straße geschmissen und somit Platz für Neues geschaffen. Kulinarische Pflicht in der Silvesternacht ist eine Linsensuppe, denn Linsen verheißen Reichtum für das neue Jahr.

Giorno della Liberazione (25. April, Tag der Befreiung)

Tausende Italiener gehen am 25. April – dem Tag, an dem 1945 die italienischen Partisanen die Truppen Nazi-Deutschlands zur Aufgabe Mailands und zum Rückzug zwangen – auf die Straße. Nach den Demonstrationen wird gern bei gutem Essen, Wein und Liedern gefeiert.

Epifania (6. Januar, Heilige Drei Könige)

In Italien bringt die Hexe Befana artigen Kindern Süßes, bösen ein Stück Kohle. Der Legende nach soll die Hexe die frohe Botschaft der Heiligen Drei Könige gehört und sich auf den Weg gemacht haben. Weil sie das Jesuskind nicht fand, fliegt sie in der Nacht vom 5. auf den 6. auf einem Besen von Haus zu Haus und kommt durch den Schornstein.

Festa del Lavoro (1. Mai, Tag der Arbeit)

Ab 1890 wurde der 1. Mai auch in Italien begangen. Unter Mussolini abgeschafft, ist er seit 1946 wieder Feiertag. Seit 1990 findet alljährlich auf der Piazza di Porta San Giovanni in Rom das »Concerto per celebrare il Primo Maggio« statt.

Pasqua und Pasquetta (Ostersonntag und Ostermontag)

Karfreitag ist zwar kein Feiertag, aber mit Prozessionen und Passionsspielen ein Höhepunkt des kirchlichen Osterfestes, zu dem natürlich auch der päpstliche Segen »Urbi et orbi« gehört. Ostern wird zumeist als fröhliches Frühlingsfest begangen. Die Kinder bekommen große Schokoladenostereier mit einem Spielzeug darin; den Brauch des Eierfärbens und -suchens gibt es nicht. Osterlamm und die »Colomba«, ein Kuchen in Form einer Taube, gehören zum üppigen Mittagsmenü. Am Ostermontag werden landesweit die Picknickkörbe gepackt, und es geht ins Freie. Nicht fehlen darf die »Torta di Pasquetta«, ein mit Eiern, Ricotta und Spinat gefüllter Kuchen. Süßes gibt es auch: Die Gelaterien haben von nun an wieder geöffnet.

und einiges über die Art, sie zu begehen

Festa della Repubblica Italia (2. Juni, Tag der Republik)

Seit 1946 die Mehrheit der Italiener für die Einführung der Republik stimmte, ist der 2. Juni Nationalfeiertag. Zu den offiziellen Feierlichkeiten gehören eine Militärparade und die Niederlegung eines Kranzes auf dem »Altar des Vaterlandes« in Rom. Für die Bürger werden an diesem Tag die Gärten des Quirinalspalastes – Amtssitz des Präsidenten – geöffnet.

Ferragosto (15. August, Mariä Himmelfahrt)

Ferragosto ist ein Feiertag der katholischen Kirche, aber älteren Ursprungs. Er geht auf Kaiser Augustus zurück, der 29 v. Chr. die Eroberung Ägyptens feierte. Zugleich gilt der 15. August als heißester Tag des Sommers, um den herum die Italiener ihren Urlaub planen.

Ognissanti (1. November, Allerheiligen)

Zu Allerheiligen werden die Gräber festlich geschmückt und Grablampen aufgestellt, tags darauf, Allerseelen, die Gräber der verstorbenen Verwandten aufgesucht, um – je nach Temperament – stille Zwiesprache mit ihnen zu halten oder lautstarke Dispute zu führen.

Immacolata Concezione (8. Dezember, Mariä Empfängnis)

Mit diesem kirchlichen Feiertag beginnt die eigentliche Vorweihnachtszeit. Die Weihnachtsbäume werden aufgestellt und geschmückt, wobei mit Vorliebe blinkende Lichterketten verwendet werden.

Natale (25. Dezember, 1. Weihnachtstag) Santo Stefano (26. Dezember, 2. Weihnachtstag)

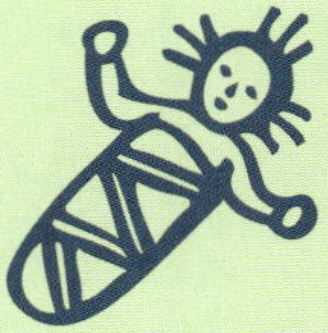

Jede Region feiert mit unterschiedlichen Traditionen, aber überall ist Weihnachten das wichtigste Familienfest des Jahres. Auch die Speisen variieren, in jedem Fall muss es ein gigantisches Mittagsmahl mit vielen Gängen, Käse und Kuchen sein. Die Krippe steht ab 8. Dezember im italienischen Wohnzimmer, das Christuskind darf jedoch erst in der Nacht vom 24. zum 25. hineingelegt werden. In fast jeder Familie werden die Krippen selber hergestellt.In Rom kündigen an Heiligabend Kanonenschüsse vom Castel St. Angelo den Beginn der Feiertage an. Der Papst selbst zelebriert die Mitternachtsmesse im Petersdom. An Heiligabend präsentieren die Kinder ihren Eltern einen Weihnachtsbrief mit guten Wünschen und dem Versprechen, brav zu sein, und werden beschenkt, was immer häufiger »Babbo Natale«, eine Version des Weihnachtsmanns, übernimmt.

Venedig – Genua

Die beiden Handelsstädte konkurrierten im Mittelalter vor allem um die wichtigen Umschlagplätze im Nahen Osten wie Konstantinopel. Im 13. Jahrhundert war in diesen Konflikt auch der berühmte Asienreisende Marco Polo verstrickt – er führte eine venezianische Galeere in der Seeschlacht bei Corzula und geriet in genuesische Gefangenschaft. Dort schrieb er seinen berühmten Reisebericht »Die Aufteilung der Welt«.

Turin – Mailand

Der Gegenstand dieser Rivalität ist klar: Fußball! Wenn Juventus und Inter gegeneinander antreten, gilt das als »Derby d'Italia«. Schon 1961 eskalierte der Konflikt im engen Meisterschaftskampf, als Turiner Fans den Rasen stürmten und das entscheidende Duell abgebrochen werden musste. Das Spiel wurde zunächst 2:0 für Inter gewertet, dann die Entscheidung zurückgenommen – Juve wurde Meister, Inter vermutete Schiebung.

WIE KATZ

Messina – Palermo

Die sizilianische Hauptstadt und das Tor der Insel zum Festland konkurrierten nicht nur in Sachen Handelsdominanz, sondern auch kulturell-religiös: Neben der italienischen Mehrheit lebten in Messina vor allem Griechen, in Palermo hingegen Araber. Mit den vielen byzantinischen Kirchen war Palermo damit ein Fremdkörper, aber dennoch ambitioniert genug, der arabischen Kaufmannschaft die Stirn zu bieten.

Pisa – Livorno

Angeblich die älteste und tiefste italienische Städtefeindschaft. Warum? Einst war Pisa die vorherrschende Macht in der Toskana, doch dann versandete der Hafen. Florenz übernahm die Vormachtstellung und machte das Fischerdorf Livorno zu seinem Haupthafen. Für die altehrwürdigen Pisaner blieben die Livornesen proletarische Emporkömmlinge, während im Umkehrschluss die Pisaner den Livornesen als hochmütig und ignorant gelten. Die gegenseitige Häme wird bis heute rege gepflegt.

UND MAUS:

5 STÄDTEFEINDSCHAFTEN

Siena – Florenz

Diese historische Rivalität stammt aus dem 12. und 13. Jahrhundert, als das Papsttum zunehmend an weltlicher Macht gewann und in Konkurrenz zur erstarrten Macht des Kaisertums geriet. Die italienischen Stadtstaaten spalteten sich in kaisertreue Ghibellinen – hauptsächlich alter Adel – und Guelfen, vor allem aufstrebende Kaufleute, die sich an die neue Macht hielten. In der Schlacht von Montaperi 1260 eskalierte der Konflikt, Florenz wollte sich das kleinere, aber erfolgreichere Siena einverleiben, verlor dabei aber selbst 10 000 Soldaten. Es war schließlich die Pest im 14. Jahrhundert, die Siena derart schwächte, dass Florenz dessen Märkte besetzen konnte.

FALSI AMICI

Zwei Dutzend falsche Freunde der italienischen Sprache

autista – Chauffeur
blindato – gepanzert
brutto – hässlich
camera – Zimmer
cantina – Keller
compasso – Zirkel
confetti – Zuckermandeln
cozze – Miesmuscheln
ente – Amt
erbe – Kräuter
fetta – (Brot-) Scheibe
golf – Pullover

lametta – Rasierklinge
latte – Milch
monaco – München
morbido – weich
nonne – Großmütter
regalo – Geschenk
scalpellino – Steinmetz
statista – Staatsmann
stufe – Öfen
tante – viele
tappeto – Teppich
zucca – Kürbis

Italien beim Eurovision Song Contest

In 58 Jahren Eurovision Song Contest nahm Italien 40 Mal teil, gewann zweimal und landete einmal, 1966, mit null Punkten, auf dem letzten Platz. Die zehn besten Platzierungen:

Platz **1**
1964 – Gigliola Cinquetti »Non ho l'età«
1990 – Toto Cutugno »Insieme: 1992«

Platz **2**
1974 – Gigliola Cinquetti »Si«
2011 – Raphael Gualazzi »Madness Of Love«

Platz **3**
1958 – Domenico Modugno »Nel blu dipinto di blu«
1963 – Emilio Pericoli »Uno per tutte«
1975 – Wess & Dori Ghezzi »Era«
1987 – Umberto Tozzi & Raf »Gente di mare«

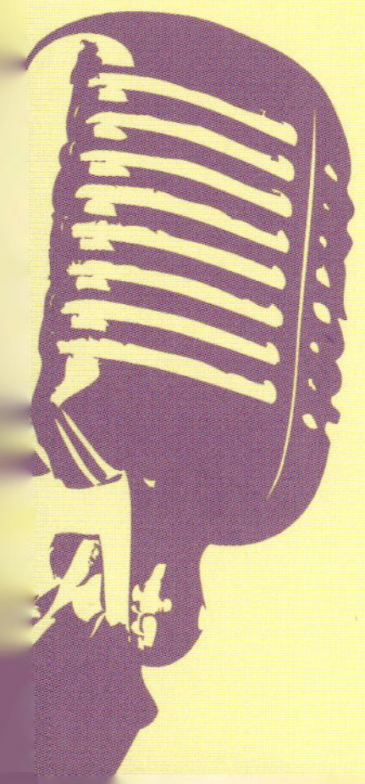

Platz **4**
1992 – Mia Martini »Rapsodia«
1997 – Jalisse »Fiumi di parole«

LITTLE ITALY (NEW YORK/USA)

Der berühmte Distrikt besteht aus 17 Blocks um die Mulberry Street; Martin Scorsese und Robert de Niro sind hier aufgewachsen. Allerdings sind die italienischen Einwohner heute verdrängt, Chinesen dominieren das Viertel. Ein Little Italy gibt es natürlich auch in Chicago, der Stadt von Al Capone.

LA BOCA (BUENOS AIRES/ ARGENTINIEN)

Argentinien ist das Land mit den meisten italienischen Auswanderern.
Sie entwickelten sogar eine eigene Sprach-Mixtur: Cocoliche, das zwischenzeitlich von 40 % der Bevölkerung von Buenos Aires gesprochen wurde.

NORTH BEACH (SAN FRANCISCO/USA)

Der sonnigste Stadtteil der kalifornischen Metropole lockte italienische Einwanderer durch den nahen Hafen und die Möglichkeiten der Fischerei. In den 50er Jahren wurde er zur Keimzelle der literarischen Beat-Bewegung. Auch Marilyn Monroe lebte hier.

ITALIEN IST ÜBERALL!

MONTEVIDEO (URUGUAY)

Die südeuropäischen Seehandelsmächte prägten die Gesellschaft von Uruguay. So lässt sich für 68 % der Bevölkerung eine italienische Abstammung nachweisen. Auch der erste Siedler von Montevideo war Italiener: Giorgio Borghese aus Genua.

CAXIAS DO SUL (BRASILIEN)

Eine 420000-Einwohner-Stadt – gegründet 1890 von Italienern. Sie etablierten hier den Weinanbau. Dieses Erbe wird jährlich mit der »Festa da Uva« begangen.

COLLEGE STREET WEST (TORONTO/ KANADA)

Dieser Distrikt beherbergt sogar einen »Italian Walk of Fame«. Mit der Babyboomer-Generation haben sich die Einwanderer aber weiter in der Stadt verteilt, etwa im nördlicheren Corso Italia oder in Downsview. Im Einwandererland Kanada gibt es noch viele andere Italienerviertel. In der Stadt Ottawa wird jährlich eine »Italian Week« abgehalten.

CAPITÁN PASTENE (CHILE)

In den Jahren 1904/05 erreichten 87 Familien aus Modena Südchile, wo sie Capitán Pastene begründeten und vor allem Land- und Forstwirtschaft betrieben. Von diesen Familien aus Modena stammen heute etwa 16 000 Chilenen ab.

NUEVA ITALIA (MICHOACÁN/MEXIKO)

Dante Cusi gründete 1909 diesen Ort und wurde mit dem Anbau von Mais, Baumwolle, Reis und Melonen reich.

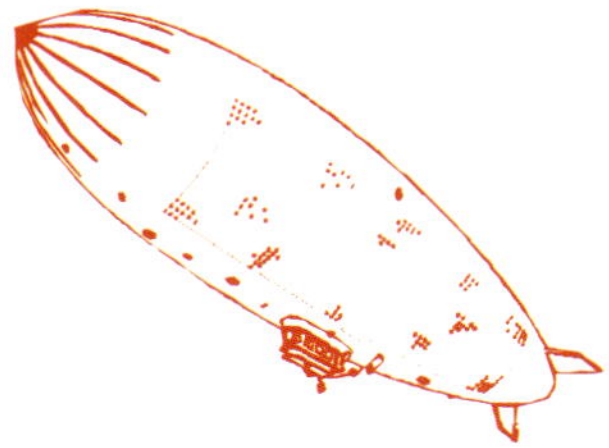

HEYESTRASSE (DÜSSELDORF/ DEUTSCHLAND)

»Italien am Rhein« – das leben etwa 800 Einwanderer in der Modestadt Düsseldorf. Sie kamen als Gastarbeiter für die Gerresheimer Glashütte, später gründeten sie Restaurants, Cafés und kleine Geschäfte.

SIEDLUNGEN IN ALLER WELT

NEW ITALY (AUSTRALIEN)

Dieser Ort in New South Wales wurde 1882 von einer Handvoll Bauern aus Venetien begründet, ein paar hundert von ihnen bildeten ein Jahrhundert lang die ganze Bevölkerung des Ortes. 1989 eröffnete hier ein Museum über die italienische Zuwanderung nach Australien.

BELA VISTA (SAO PAULO/ BRASILIEN)

Im Herzen der Mega-Metropole mischen sich die Einwandererkulturen bunt durcheinander, aber die Italiener mit ihrer weltweit beliebten Esskultur beherrschen bis heute das Straßenbild

CARACAS (VENEZUELA)

Der Ölboom lockte in den 40er und 50er Jahren etwa 300 000 Italiener ins bevölkerungsarme Venezuela. Mit Jaime Lusinchi und Raúl Leoni stellte die italienische Gemeinschaft auch schon zwei Präsidenten.

Wie die Römer die Germanen …

Als »Barbaren« wurden alle Völker angesehen, die von griechisch-römischer Bildung unbeleckt waren. Die Germanen im Norden galten den Römern als besonders wildes Volk. Tacitus, römischer Historiker und Senator, hat sie beschrieben.

… sind in der äußeren Erscheinung alle gleich: wild blickende blaue Augen, rötliches Haar und große Gestalten

… ertragen keinen Durst und Hitze, sind aber gegen Kälte und Hunger abgehärtet

… tragen als Kleidung nur Felle und kleine Pelzüberwürfe, die den größten Teil des Körpers nackt lassen

… neigen zum Nichtstun und zur Völlerei

… gehen Mühen und der Arbeit aus dem Weg

… lassen lieber ihre Frauen und Alten arbeiten als sich selber um Haus, Hof und Feld zu kümmern

… verbringen ihr Leben zwischen Jagd und Kriegsübungen

… rechnen es sich zum höchsten Ruhm an, wenn sie alles weit und breit verwüsten

… bewundern ihre Heerführer, wobei sie auf Redegabe und Überzeugungskraft großen Wert legen

… halten es für besonders tapfer, die Nachbarn zu vertreiben, so dass sich niemand getraut, in ihrer Nähe zu wohnen

GERMANEN SAHEN

... sehen Raubzüge als Mittel, die jungen Leute auszubilden und vor dem Faulenzen zu bewahren

... halten auf strenge Ehezucht und sind fast die einzigen unter den Barbaren, die sich mit einer Gattin begnügen

... begehen selten Ehebruch, und wenn, folgt die Strafe auf dem Fuß

... sehen es als Schande, wenn jemand vor dem zwanzigsten Jahr Umgang mit einem Weibe hat

... glauben, den Frauen wohne etwas Heiliges inne, weswegen sie auf ihren Rat achten und hören

... sind gastfreundlich, aber ausschweifend. Ihre Feiern dauern tagelang und enden nicht selten in betrunkenen Schlägereien und Totschlag

... sprechen im Übermaß dem »Gerstensaft« zu

... lieben das Würfelspiel, das so ziemlich das Einzige ist, was sie nüchtern und ernsthaft betreiben

... können sich kaum zu einer Mahlzeit zusammensetzen, ohne dass es zu Raufereien kommt

... nehmen einfaches Essen und viel Fleisch zu sich

... sind unpünktlich und finden sich nie gleichzeitig zu Versammlungen ein

... vertrauen auf Vorzeichen und Orakel

Kosmopolit, Schriftsteller, Jurist, Mediziner, Geheimagent der Inquisition, Übersetzer der Ilias – Giacomo Casanova hat viele Gesichter. Doch keines ist so bekannt wie das des Verführers. Welche Strategien machten ihn so erfolgreich?

NICHT NUR EIN GIGOLO: CASANOVAS

1. GESCHENKE GEHEN IMMER

Schon der zehnjährige Giacomo kann damit bezirzen: Im Theater erblickt er ein bezauberndes Mädchen auf der Bühne. Er tritt hinter die Garderobe und schenkt ihr einen Ring. Der gehört zwar nicht ihm, sondern seinem erwachsenen Begleiter, den Dankeskuss erntet er dennoch.

2. DER BESCHÜTZER

Während seiner Pubertät ist Casanova auch für schnelle Abenteuer ohne großes Gefühl zu haben. Als über einer Hochzeit in Pasiano ein Gewitter hereinbricht, besteigt er mit einer ängstlichen Dame eine Kutsche und hilft ihr über die Furcht hinweg.

3. KATZ UND MAUS

Im Alter von 19 begegnet Casanova einer kleinen Familie, zu der auch ein angeblicher Kastrat gehört. Casanova ist, Geschlecht hin oder her, verzaubert – und vermutet, der Junge ist in Wahrheit ein Mädchen. Im Hin und Her dieser Frage entspinnt sich eine Liaison.

4. DER LANGE ATEM

Als Fähnrich der venezianischen Marine auf einem Schiff gen Korfu verliebt sich Casanova in die Frau de Galeerenvogts. Sie gibt sich desinteressiert, doch er lief immer neue Beweise seiner Liebe und steigert sich in se Tollheit bis zum Krankenbett hinein. Mit Erfolg!

5. CARPE DIEM

In einem Wirtshaus rettet Casanova eine streunende französische junge Adlige aus einer brenzligen Situation. Gemeinsam reisen sie nach Parma, er kleidet sie neu ein, sie durchstreifen die Stadt. Sie genießen drei Monate miteinander, doch auch 13 Jahre später steht sie ihm in schwerer Krankheit noch bei.

6. DER TRÖSTER

Unterwegs durch Italien macht Casanova die Reisebekanntschaft einer jungen Dame. Er entlarvt ihren zukünftigen Gatten als Emporkömmling und Betrüger; die Betrogene flieht in seine Arme.

ERFOLGSREZEPTE

7. NEUGIER WECKEN

Der 46-jährige Casanova verliebt sich noch einmal Hals über Kopf in Lia, die Tochter seines jüdischen Gastgebers. Sie ziert sich zwar, doch macht er sich ihre jugendliche Neugier zunutze: Er zeigt ihr erotische Miniaturen von Pietro Aretino – das Interesse ist entfacht.

9. DER SÜNDENFALL

Im erzkatholischen Spanien erkennt Casanova: Die Verdammung der Sexualität muss zu größerer Ekstase führen, wenn die begehrte Dame erst mal davon befreit ist. So umwirbt er eine fromme Schuhmachertochter. Zunächst ist er ohne Erfolg, doch dann verweigert ihr der Beichtvater die Absolution – ihr Stolz erwacht, und Casanovas These bestätigt sich.

8. DER LEIDENDE

In London wirbt Casanova um die Portugiesin Pauline, die seine Liebe durchaus erwidert – aber nur geistig. Das ändert sich, als sie ihn auf einen Ausritt schickt, auf dem er sich das Bein verletzt; plötzlich bekommt er das ganze Paket.

10. DAS EINFACHE LEBEN

Als Casanova nach 18 Jahren Verbannung zurück in seine Heimatstadt Venedig kommt, findet er ein unerwartetes Glück: Fernab von Adel und Trubel zieht er mit der Näherin Francesca, deren Mutter, Schwester und Bruder in ein bescheidenes Heim – im Tausch gegen Treue gewinnt er Ruhe und Fürsorge, auch als er Venedig wieder verlassen muss.

25 GRABSTÄTTEN

Francesco Petrarca
Arquà Petrarca bei Padua, Santa Maria Assunta

Franz von Assisi
Assisi, Basilika San Francesco

Carlo Collodi
Florenz, Porte Sante

Donatello
Florenz, Basilica di San Lorenzo

Galileo Galilei, Niccolò Machiavelli, Michelangelo
Florenz, Basilica di Santa Croce

Vladimir Horowitz, Arturo Toscanini
Mailand, Cimitero Monumentale

Giuseppe Verdi
Mailand, Casa di Riposo

Dante Alighieri
Ravenna, Museo Dantesco

Pier Paolo Pasolini
Ravenna, Casarsa della Delizia

Federico Fellini, Giulietta Masina
Rimini, Cimitero di Rimini

Percy Bysshe Shelley, John Keats, Antonio Gramsci, August von Goethe, Gottfried Semper
Rom, Cimitero acattolico

Ezra Pound, Igor Strawinsky, Sergei Djagilew, Luigi Nono
Venedig, Isola di San Michele

Tizian, Claudio Monteverdi
Venedig, Santa Maria Gloriosa dei Frari

Mio bambino!
Die beliebtesten Vornamen in Italien*

1. Sofia
2. Giulia
3. Martina
4. Giorgia
5. Sara
6. Emma
7. Aurora
8. Chiara
9. Alice
10. Alessia

1. Francesco
2. Alessandro
3. Andrea
4. Lorenzo
5. Matteo
6. Gabriele
7. Mattia
8. Leonardo
9. Davide
10. Riccardo

* Statistik für die Neugeborenen des Jahres 2011

Der Vatikan …

… ist der **kleinste Staat** der Welt mit einer Fläche von 44 Hektar und einer Einwohnerzahl von rund 900.

… ist der einzige Staat der Welt, dessen gesamtes Gebiet als **UNESCO-Weltkulturerbe** anerkannt ist.

… ist eine **absolute Wahlmonarchie;** der Papst ist Staatsoberhaupt, wird aber vom Heiligen Stuhl als eigenständigem Völkerrechtssubjekt international vertreten.

… prägt **eigene Euro-Münzen** mit einem Porträt des amtierenden Papstes. auf der nationalen Seite.

… hat als **Amtssprache Latein.** Auch die Geldautomaten im Vatikan haben eine lateinische Anzeige.

… verleiht die **Staatsbürgschaft nur zeitweise** und an Funktionen gebunden. Sie ersetzt keine andere Staatsbürgerschaft. Frauen und Kinder von Vatikanbürgern können ebenfalls die vatikanische Staatsbürgerschaft erhalten, verlieren diese jedoch bei Trennung, männliche Nachkommen im Alter von 25 Jahren und weibliche, wenn sie heiraten.

… verzichtete erst 1929 endgültig auf die Territorien des alten Kirchenstaats und *erkannte Rom als Sitz der italienischen Regierung an.* Im Gegenzug bekam er dafür die Souveränität, die Vatikanstadt sowie die Summe von 80 Millionen Euro.

… hat mit der Schweizergarde und ihren 110 Mitgliedern die **kleinste Armee** der Welt, die mit Gründungsdatum 1506 auch die älteste der Welt ist.

… regelt die **Landesverteidigung** durch ein Abkommen mit Italien.

… hat 1969 die **Todesstrafe abgeschafft.**

WO DER PAPST

… hat eine **eigene Polizei:** »Corpo della Gendarmeria«.

… führt **keine Ausweis- und Zollkontrolle** bei seinen Besuchern durch.

… ist der einzige Staat der Welt mit **hundertprozentigem Katholikenanteil.**

… führt **kein Geburtenregister.**

… ist **frei von Schulden, Kindergärten und Spielplätzen,** setzt aber einen

Schulbus ein. Die Kinder der Angestellten, vor allem aus den Familien der Schweizergardisten, werden in römische Schulen gebracht.

… hat ein **Tempolimit von 30 km/h** auf seinem gesamten Territorium verfügt.

… besitzt eine **eigene Postverwaltung** und gibt Briefmarken heraus. Im Vatikan werden pro Einwohner und Jahr die meisten Poststücke versandt, durchschnittlich 7200, ein italienischer Bürger verschickt im Vergleich rund 100 pro Jahr.

WOHNT

… hat **nur eine Zeitung** und keine Yellow Press. Die Vatikan-Zeitung »Römischer Beobachter« erscheint in 20 Sprachen.

… hat eine Fußballliga für Priester und eine für Nichtpriester, aber **keine Nationalmannschaft.** Der Fußballplatz liegt außerhalb der Mauern; der Vatikan ist nicht Mitglied der FIFA.

… hat rund **3000 Angestellte,** darunter Regierungsmitglieder, Verkäufer, Restauratoren, Köche, Büroarbeiter, Drucker, Bankangestellte, Gärtner oder Reinigungspersonal, nur wenige leben im Vatikan selbst.

… teilt den Vatikanbürgern für die Dauer ihres Amtes die **Wohnungen** zu. Die Mieten betragen etwa vier Prozent des Einkommens, Strom und Telefon sind frei. Es gibt kein privates Grundeigentum.

… regelt die **Arbeitswoche mit 36 Stunden** und führt keine Tarifverhandlungen.

… hat eine **zunehmende Frauenquote,** derzeit rund 15 Prozent der päpstlichen Belegschaft.

… wickelt als souveräner Staat seine **Finanzgeschäfte** eigenständig ab. Zu den Haupteinnahmequellen gehören Einnahmen aus dem exterritorialen Besitz und der Vermietung von rund 2400 Häusern außerhalb des Vatikans, Gewinne aus den Geschäften im Vatikan selbst und die rund 85 Millionen Spenden, die jährlich eingehen.

… gründete 1942 die **Vatikanbank,** gegen die immer wieder Vorwürfe erhoben wurden, in Geldwäsche und Mafiakontakte verstrickt zu sein.

… verfügt über **einen eigenen Bahnhof** und rund 200 Meter Schienenstränge. Der Gleisanschluss an die italienische Eisenbahninfrastruktur wird durch die Vatikanische Staatsbahn betrieben.

… deckt mit seiner Stadtmauer nicht hundertprozentig sein Staatsgebiet ab. Die **Staatsgrenze** verläuft beispielsweise mitten durch die Audienzhalle, wobei der Papstthron auf vatikanischem Staatsgebiet steht, während sich die Besucher quasi im italienischen Ausland aufhalten.

»Ich war immer schon auf der Seite der Wahrheit, ICH bin so geboren.«

»Ich bin der Jesus Christus der Politik. Ich bin ein geduldiges Opfer, habe mich selbst für alle geopfert.«

»Ich bin größer als Putin und Sarkozy. Ich bin 1,71 Meter groß. Warum zeichnen mich dann alle Karikaturisten als Zwerg?«

»GOTT sei Dank gibt es MICH!«

25 MAL ORIGINALTON

»Die **Justiz ist ein Krebsgeschwür** des Rechtsstaates, das wir **ausrotten** müssen.«

»Nur gut, dass ich auf diesem Platz sitze – ein anderer auf meinem Posten, was hätte der wohl zustande gebracht?«

»Ich sage, ohne Angst vor Widerspruch, dass es in Italien einen **Parallelstaat** gibt, geschaffen von den Mächten, die fest in der Hand der Linken sind. Und das sind: **Oberschulen, Universitäten, Zeitungen, Radio, die Rechtsprechung, das Fernsehen …**«

»Nur gut, dass ICH auf diesem Platz sitze – ein anderer auf meinem Posten, was hätte der wohl zustande gebracht?«

»Ich habe ein Segelboot, aber in den vergangenen zwei Jahren war ich nur einen Tag darauf. **Und in meinem Haus auf den Bermudas war ich seit zwei oder drei Jahren nicht mehr …** Mein Leben hat sich verändert. Die Qualität ist schrecklich geworden. Was für ein brutaler Job.«

»Wenn ich an die Mengen von Arbeit denke, die wir in der Regierung haben und daran, wie wir alle Probleme meistern, kriege ich regelrecht einen Komplex der Überlegenheit.«

»Kommt die Linke an die **Macht**, dann bedeutete das **Misere, Terror und Tod.**«

»Was glauben Sie, wonach mein Parfum riecht? Das ist der Duft der Unantastbarkeit.«

»Mussolini hat nie jemanden getötet. Mussolini schickte Menschen in Lager in den Urlaub.«

»Ich habe zu viel Respekt vor der Intelligenz der Italiener, um zu glauben, sie könnten solche Trottel *(gemeint sind die Anhänger der Opposition)* sein und gegen ihre eigenen Interessen stimmen.«

»Die Linke hat keinen Geschmack, selbst bei Frauen nicht. Unsere Frauen *(die konservativen Kandidatinnen)* sind schöner.«

»Ich schaue mir eben gerne schöne Frauen an. Das ist immer noch besser, als schwul zu sein.«

BERLUSCONI

Silvio Berlusconi war* VIERMALIGER *Ministerpräsident Italiens.

»Nur Napoleon hat mehr getan als ich. Aber ich bin definitiv größer.«

»**Barack Obama** ist jung, gut aussehend und gut gebräunt.«

»Die Klügsten können sicherlich einen zweiten Job finden, **vielleicht inoffiziell.**« *(zu entlassenen Fiat-Arbeitern)*

»Nicht einmal die Wirtschaft läuft wirklich schlecht. Von meiner Villa aus habe ich eine herrliche Panorama-Sicht, die auch dieses Jahr durch den Blick auf viele Yachten besticht ... Niemand kann mehr Mobiltelefone, mehr Autos, mehr Fernseher sein Eigen nennen als die Italiener. **Wissen Sie, wie viele unserer Frauen sich Schönheitsoperationen leisten können?**«

»Ich bin freundlich, ich habe Geld, ich weiß, wie man Frauen behandelt.«

(gegenüber Erdbebenopfern)
»Natürlich ist die Unterbringung absolut provisorisch, aber man muss es eben nehmen wie ein Camping-Wochenende.«

»Die Leute sagen, Berlusconi soll nach Hause gehen. Das macht mich krank. In welches Haus soll ich gehen, ich habe 20 davon.«

»Mit mir kann sich keiner vergleichen, **nicht in Europa** und **nicht in der Welt.**«

»Als Vater rate ich Ihnen, einen Sohn Berlusconis oder einen ähnlichen Mann zu heiraten, der nicht solche Probleme hat. Mit Ihrem Lächeln können Sie sich das ja leisten.« *(zu einer jungen Frau, die sich zur prekären Finanzlage vieler Italiener äußerte)*

10 Erdbeben-Katastrophen

1456

Ein Beben legt ganz Neapel in Trümmer, es sterben zwischen 30 000 und 40 000 Menschen.

1169

Syrakus auf Sizilien wird von einem Beben zerstört, 16 000 Menschen finden den Tod.

1693

Ein schweres Erdbeben erschüttert die Insel Sizilien sowie Teile Kalabriens und fordert etwa 90 000 Menschenleben.

1783

Innerhalb zweier Monate wird die Westküste Italiens von mehreren Beben erschüttert, neben Messina sind andere Orte Kalabriens betroffen. Es sterben 30 000 Menschen, 300 Dörfer werden zerstört.

1908

Das Erdbeben von Messina ist der Anzahl der Opfer nach die schwerste Naturkatastrophe Europas im 20. Jahrhundert. Die Städte Messina und Reggio Calabria werden nahezu völlig zerstört. Ein den Erdstößen folgender Tsunami fordert weitere Opfer, deren geschätzte Zahl zwischen 72 000 und 110 000 liegt.

1980

Beim Irpinia-Erdbeben in den Regionen Kampanien, Basilikata und Apulien sterben 3000 Menschen, mehr als 10 000 werden verletzt, über 300 000 obdachlos. Auch die Ruinen von Pompeji und Herculaneum werden beschädigt.

2009

Ein Beben nahe L'Aquila in den Abruzzen fordert 295 Tote. Etwa 67 000 Obdachlose werden in Zeltstädten und Hotels an der Adriaküste untergebracht. In L'Aquila werden mehr als 10 000 Häuser beschädigt, in der Kleinstadt Castelnuovo bricht die gesamte Altstadt zusammen.

1851

In der Nähe der Stadt Melfi in der süditalienischen Region Basilikata bebt die Erde. 14 000 Menschen sterben. 1930 wird das sanierte Melfi erneut schwer durch ein Beben geschädigt.

1915

Nur wenige Sekunden bebt die Erde in den Abruzzen, doch allein in der Stadt Avezzano werden 11 000 der 13 000 Einwohner getötet. Insgesamt sterben 30 000 Menschen in der Bergregion. Die schweren Stöße erreichen auch das 100 Kilometer entfernt liegende Rom und beschädigen die Säulen des Petersplatzes, die Kapitol-Paläste und etliche Kirchen.

2002

In San Giuliano di Puglia in der Region Molise stürzt bei einem vergleichsweise leichten Beben wegen baulicher Mängel ein Schulgebäude ein und begräbt 27 Erstklässler unter sich.

Rund um die Pizza

WELTMEISTERSCHAFT DER PIZZABÄCKER

Pizzabäcker aus aller Welt kommen alljährlich ins norditaliensche Städtchen Salsomaggiore Terme und kämpfen um diverse Titel. Einer wird auch in Akrobatik – dem geschickten In-die-Luft-Schleudern des Pizzabodens – vergeben. Der Hauptpreis geht an die »Pizza mit dem besten Geschmack«. Amtierender Weltmeister ist Leone Coppola aus Gavirate in der Lombardei.

GUT GEWIRTSCHAFTET

Die älteste, immer noch betriebene Pizzeria, die »Antica Pizzeria Port'Alba«, findet man in Neapel. 1738 als Verpflegungsstätte für Wanderhändler gegründet, wurde sie 1830 in ein Pizza-Restaurant umgewandelt.

REKORD-PIZZA

Mit einem Durchmesser von fast 40 Metern und einem Gewicht von 25,6 Tonnen wurde 2012 in Rom die größte Pizza der Welt gebacken. Verarbeitet wurden unter anderem 10 Tonnen Mehl, 11000 Liter Wasser, 5 Tonnen Tomatensauce und 4,5 Tonnen Mozzarella.

PIZZA VOM BLECH

Besonders in den Touristenzentren Italiens findet man heute unter der Bezeichnung »Pizza al taglio« (Schnittpizza) Verkaufsstände, an denen Pizza auf Blechen gebacken und in kleinen Stücken verkauft wird.

»ERFINDER DER PIZZA«

Pizzaähnliches Fladenbrot kannten schon die Ägypter, Griechen und Etrusker. Als Erfinder der eigentlichen Pizza gelten die Bewohner von Neapel. Schon ein Kirchendokument aus dem frühen 16. Jahrhundert erwähnt diese Art »Kuchen«, und auch die Tomate kam zu dieser Zeit aus Amerika nach Italien. Im 18. Jahrhundert entstand die einzig wahre Version – »la vera pizza napoletana«.

DEM KÖNIG SCHMECKT'S

König Ferdinand I. soll Pizza so gemocht haben, dass er als einfacher Bürger verkleidet die Backstube eines gewissen Antonio Testa aufsuchte. Erst unter seinem Nachfolger, Ferdinand II., wurde die Pizza salonfähig und Don Domenico Testa zum höfischen »Pizzaiola« ernannt.

Buon appetito!

Sieben Millionen Pizzen werden jeden Tag in Italien verzehrt, 35 000 Pizzerien gibt es im Land.

DIE TEUERSTE PIZZA

In New York setzte der Gastronom Nino Selimaj 2007 eine Pizza für 1000 Dollar auf die Speisekarte seines Restaurants.

DIE »MUTTER ALLER PIZZEN«

1889 besuchte König Umberto I. Neapel. Er hörte von dem beliebten Essen der Armen und bestellte eine Pizza beim Besitzer eines Lokals. Raffaele Esposito, der Pizzabäcker, brachte ihm eine Pizza, die er in den Nationalfarben dekoriert hatte: rote Tomaten, grünes Basilikum, weißer Mozarella-Käse. Seiner Gattin gefiel das neue Gericht so gut, dass sie einen Dankesbrief an Raffaele schrieb. Seitdem heißt dieser Klassiker nach ihr: Margherita.

REISE UM DIE WELT

Zum Siegeszug der Pizza haben die italienischen Auswanderer beigetragen, die Ende des 19. Jahrhunderts in die USA übersiedelten. 1905 eröffnete in New York City die erste Pizzeria der USA. Nach dem Zweiten Weltkrieg wurde Pizza über Italiens Grenzen hinaus in Europa bekannt. 1952 eröffnete in Würzburg die erste Pizzeria Deutschlands.

PIZZA IM KARTON

1963 wurde das Patent für einen Pizzakarton aus Wellpappe angemeldet. Doch schon im 19. Jahrhundert wurde frischgebackene Ware in mehrstufigen Metallbehältern auf den Straßen Neapels angeboten. Übrigens: Die erste Weltmeisterschaft im Pizzakartonfalten fand 2013 in Irsch an der Saar statt. Der Sieger kommt aus Deutschland, Zweiter wurde ein Italiener, Dritter ein Russe.

DIE GRÖSSTE PIZZA

Die Pizzeria »Big Mama's and Papa's« in Los Angeles bietet die größte Pizza weltweit an. Sie misst 137 mal 137 Zentimeter und kostet knapp 200 Dollar – wer Extra-Zutaten möchte, muss draufzahlen.

PIZZA IST NICHT GLEICH PIZZA

Die »Vereinigung der echten neapolitanischen Pizzabäcker« führt eine Kampagne zum Schutz der echten, handgemachten, im Steinofen gebackenen »Pizza napoletana«, die inzwischen als »garantierte traditionelle Spezialität« EU-weiten Schutz genießt. Eines ihrer Ziele hat die Vereinigung noch nicht erreicht: Pizza napoletana soll zum UNESCO-Weltkulturerbe der immateriellen Güter erklärt werden.

PIZZA AUS DEM TIEFKÜHLFACH

Die erste Fertigpizza kam 1957 in den USA in den Handel, in Deutschland 1968. Thunfisch ist hierzulande der beliebteste Belag.

Buon giorno,

Figuren der

Als sich im 16. Jahrhundert Jahrmarktskünstler zu Schauspieltruppen zusammenschlossen, verknüpften sie Spaßfiguren aus verschiedenen Regionen Italiens mit Masken aus dem venezianischen Karneval. Derbe Späße, artistische Darbietungen, prächtige Kostüme, feste Charaktere und eine volksnahe Handlung machten die *Commedia dell'arte* äußerst populär. Die Gruppen, meist aus sechs Männern und sechs Frauen bestehend, zogen durch Italien und ganz Europa. In ihren Stegreifspielen traten auf: zwei Liebende – die „Innamorati", die „Vecchi" – Vertreter der reichen Oberschicht sowie die „Zanni" – Dienerfiguren, also die Unterschicht. Das Happy End war garantiert.

ARLECCHINO

... ist der Publikumsliebling und darf sich auf der Bühne alles herausnehmen. Schlagfertig, von ausgelassener Lustigkeit, stets hungrig und nicht selten gleich zwei Herren dienend, ist er mehr als ein reiner Spaßmacher: Er sagt, was andere sich nicht auszusprechen getrauen. Arlecchino trägt eine lustige Maske, Hut und einen Mantel oder Hose und Jacke aus bunten Flicken.

BRIGHELLA

... ist ein gerissener, hinterhältiger Diener, sehr geschickt, wenn es darum geht, seinem jeweiligen Herren eines auszuwischen. Gern lässt er andere für sich arbeiten und ist auf seinen Vorteil bedacht. Er tritt in Livreé auf, seine Maske zeigt seine listigen Wesenszüge und ist meist von schwarzer Farbe.

PAGLIACCIO

... ist ein tollpatschiger Knecht und Nachäffer, in Worten kühn, aber in Wahrheit ein Feigling. Für seine Fehlleistungen bekommt er oft Prügel. Mit seiner gelben Gesichtsmaske und seinem weißleinenen, viel zu großen Gewand ist er ein Vorläufer Pierrots.

PANTALONE

... ist ein wohlhabender Kaufmann aus Venedig, geschäftstüchtig, geizig, alt, kränklich. Er will alles wissen, mischt sich überall ein, überwacht misstrauisch seine Tochter und gibt ein willkommenes Opfer für seine eigene Dienerschaft ab. Ob Witwer oder verheiratet, stets ist er hinter jungen Frauen her. Er tritt in gelben Pantoffeln, enger roter Hose sowie einem schwarzen Umhang und brauner Maske und mit Spitzbart auf, meist trägt er seinen Geldbeutel gut sichtbar am Gürtel.

IL CAPITANO

... ist ein Maulheld, der im Kostüm der spanischen oder französischen Soldaten auftritt. Ihn kennzeichnen Eigenschaften wie Prahlerei, Gier, Niedertracht und Hochmut, gepaart mit einer außerordentlichen Feigheit.

SCARAMUZZO

... vertritt den Typus des Abenteurers und Aufschneiders und trat in schwarzer Tracht auf. Meist wurde er am Ende von Arlecchino durchgeprügelt.

Arlecchino!

Commedia dell'arte

DOTTORE

... ist Jurist oder Arzt, hat an der Universität in Bologna oder Padua studiert, ist verwitwet oder Junggeselle. Gern nimmt er Denkerposen ein und stellt sein Wissen völlig unpassend zur Schau. Dottore hasst Pantalone genauso wie der ihn. Er trägt eine schwarze Maske mit einer Knollennase, kugelförmiger Stirn und roten Wangen, Zeichen seiner Liebe zum Wein. Seine Kleidung mit weißer Halskrause sowie schwarzer Jacke, Hose und Kappe kennzeichnet ihn als Akademiker.

COLOMBINA

... spielt die Rolle der Magd oder Köchin, ist eine lebenslustige, warmherzige, doch ebenso bestimmende und kokette Frau. Sie zieht zweifelhafte Verehrer an, weiß sich aber auch gegen sie zu wehren. Sie tritt ohne Maske und in schlichten Frauenkleidern auf.

PULCINELLA

... ist ein listiger, aber zugleich einfältiger und tölpelhafter, gefräßiger Diener bäuerlicher Herkunft. Er hat zumeist einen Buckel und trägt eine Maske mit langer Vogelnase. Sein ursprüngliches Kostüm war aus grobem Stoff in grünen, braunen oder roten Farben gehalten, wandelte sich aber allmählich zu einem weißen Kostüm mit weiten Ärmeln und einem spitzen Hut.

TARTAGLIA

... repräsentiert meist einen spanischen Beamten, kann aber auch als Polizist, Richter, Notar, Steuereintreiber, Apotheker, Gastwirt oder Diener daherkommen. Er ist nicht mehr ganz jung, meist grün gewandet, mit übergroßer Brille und dickem Bauch und ist von seiner Bedeutung überzeugt. Die Würde wird beeinträchtigt durch seine mangelnde Beherrschung der italienischen Sprache und sein Stottern.

Göttinnen unter sich

FRANCESCA CUZZONI (1698–1770)
bestach zwar durch ihre Stimme, nicht aber durch Schönheit. Als »klein, untersetzt, mit teigigem, mürrischem Gesicht« wurde sie beschrieben. Allgemein bekannt war sie für ihre Launenhaftigkeit. Eine Beschimpfungsarie auf offener Bühne in London sorgte für Furore und verschaffte sowohl ihr als auch ihrem Widerpart Faustina Bordoni Engagements in ganz Europa. Auch rohe Gewalt scheute die Cuzzoni in solchen Auseinandersetzungen nicht. Georg Friedrich Händel drehte den Spieß aber einmal um: Als sie sich weigerte, eine seiner Arien zu singen, packte der Komponist sie an der Taille und drohte, sie aus dem Fenster zu werfen. Die Cuzzoni gab nach, richtete ihre Toilette und sang.

TERESA ALBUZZI-TODESCHINI (1723–1760)
bewies Geltungsbedürfnis über den Tod hinaus: Als sich der kurfürstlich-sächsische Premierminister Heinrich von Brühl während ihres Engagements an der Dresdner Oper in sie verliebte, baute er ihr einen Gartenpavillon, die sogenannte Brühlsche Rotunde, im Volksmund auch »Albuzzis Büchse« genannt. Dort soll später zuweilen eine weißgekleidete Frau umgegangen sein, die sich übers Geländer ins Wasser stürzte, weil ihr die unglückliche Liebe keine Ruhe ließ.

GIULIA GRISI (1811–1879)
behielt über 15 Jahre den Rang einer Prima Donna. Rossini, Donizetti und Bellini schrieben Opern für sie. Dabei stand sie in Konkurrenz zu der Französin Maria Malibran – ein Kampf von Perfektion gegen Emotionalität. Diese Rivalität ist Gegenstand des Stücks »Golden Age« (Terrence McNally), in dem die Grisi ihre Abneigung gegen die Malibran einmal dadurch zum Ausdruck bringt, dass sie eine Ohnmacht vortäuscht, als die Konkurrentin die Garderobe betritt.

5 Diven der italienischen Oper

ADELINA PATTI (1843–1919),
Spanierin, aber Tochter italienischer Eltern, war der unbestrittene Opernstar ihrer Zeit. Als sie für eine Saison nach Russland geholt wurde, reiste sie in einem speziell gefertigten Privatzug, mit 50 Koffern, einer Menagerie von Haustieren und ihrem persönlichen Chefkoch.
Außerdem sabotierte sie gern ihre Konkurrenz auf der Bühne. So sagte sie einmal einer Sängerin kurz vor dem Auftritt, als kein Spiegel mehr in Reichweite war, ihre rechte falsche Augenbraue sei abgefallen, woraufhin diese die linke abriss, um nicht albern auszusehen – die rechte war allerdings an Ort und Stelle.

RENATA TEBALDI (1922–2004)
war seit der gemeinsamen Zeit an der Mailänder Scala die größte Rivalin von Maria Callas. Temperament und Reichweite der Callas standen gegen die Brillanz und Ausgewogenheit der Tebaldi – ein Kampf »Tiger« gegen »Engel«, wie die Zeitungen damals titelten. Als die Callas der Tebaldi Rückgrat absprach und verkündete, der Vergleich zwischen ihnen sei einer zwischen Champagner und Cola, entgegnete die Tebaldi: Die Callas hat kein Herz. Unter mangelndem Selbstbewusstsein litt die Tebaldi jedenfalls nicht, bescheinigte sie sich doch selbst die gottgegeben schönste Stimme des 20. Jahrhunderts und führte ein Leben zwischen Seidentapeten und den Portraits der großen Komponisten.

Amore mio: 10 Traumpaare

Marcello Mastroianni ist das Sinnbild italienischer Männlichkeit, bandelte auf der Leinwand in »Hochzeit auf Italienisch« z. B. mit Sophia Loren an. Aber im wahren Leben traf ihn Amors Pfeil Anfang der 70er bei ***Catherine Deneuve.*** Vier gemeinsame Jahre, fünf Filme und Tochter Chiara waren das Ergebnis.

Sie spielten schon im Sandkasten miteinander, dann eroberten sie die Opernbühnen der Welt. Heute sind sie die Traumbesetzung für Mimi und Rodolfo in »La Bohème«: Die Opernstars ***Luciano Pavarotti*** und ***Mirella Freni*** sind kein Liebes-, aber ein unschlagbares Paar.

Eine Liebe in Dichtung: Über siebzig Jahre arbeitete ***Francesco Petrarca*** an der Lyriksammlung für seine Angebetete ***Laura*** – doch wahrscheinlich hat sie nie existiert, auch wenn Petrarca so geschickte Finten legte, dass Generationen von Literaturforschern nach ihrem realen Vorbild suchten.

Zwei historische Gestalten, deren Geschichte dank Dantes »Göttlicher Komödie« in die Kulturgeschichte einging: ***Francesca da Polente*** verliebte sich in ***Paolo Malatesta,*** den Bruder ihres Mannes, woraufhin der Gehörnte beide mit dem Schwert erstach. Boccaccio baute den Stoff weiter aus, Künstler von Rodin bis Tschaikowski griffen darauf zurück.

1943 verlieben sich eine Studentin und ein junger Journalist unsterblich ineinander: ***Federico Fellini,*** später der Inbegriff des italienischen Kinos, und die Schauspielerin ***Giulietta Masina.*** Sie ist ihm Muse, Mutterersatz und Vertraute, und trotz seiner Affären hält ihre Liebe, bis beide 1993/94 kurz nacheinander sterben.

1964 gibt ***Luchino Visconti*** dem Filmstatisten ***Helmut Berger*** dessen erste Rolle überhaupt, womit der Aufstieg des Österreichers zum exponierten Schauspieler beginnt. Beide gehen eine Liebesbeziehung ein und sind Lebenspartner bis zum Tod des Regisseurs 1976.

Der Stoff, aus dem Schlager-Träume sind: Mit zarten 18 heiratete ***Romina Power*** den italienischen Sänger ***Albano Carrisi.*** Aus ihrer Liebe gingen vier Kinder und Hits wie »Sharazan«, »Ci Sarà« oder »Tu, soltanto tu« hervor.

Wenn an der Seite des begehrtesten Junggesellen der Welt eine Frau auftaucht, hat die Boulevardpresse ihr neues Traumpaar. So geschehen 2009 mit ***George Clooney*** und ***Elisabetta Canalis.*** »Irgendwann war's halt vorbei«, sagte das italienische Model zwei Jahre später.

»Die Göttliche« und »der Heilige«: Als die legendäre Schauspielerin ***Eleonore Duse*** 1887 auf den 16 Jahre älteren Komponisten ***Arrigo Boito*** trifft, ist es Liebe – eine verbotene, denn beide sind bereits verheiratet. Sie halten es nicht lange miteinander aus, doch beide bleiben verbunden. 13 Jahre später sind die Duse und ***Gabriele d'Annunzio*** ein neues Traumpaar – für fünf Jahre. Im Roman »Das Feuer« plaudert der Dichter Details aus.

Als sich Popstar ***Eros Ramazzotti*** 1996 in das blutjunge und bildschöne Model ***Michelle Hunziker*** verguckte, war ein neues Traumpaar geboren. Michelles Karriere ging steil bergauf, und auch wenn die Liebe nur wenige Jahre hielt, sind die zwei durch Tochter Aurora bis heute eng verbunden.

Der erste Film

Erstmals gemeinsam stehen die beiden 1959 in dem Historienfilm »Hannibal« vor der Kamera. Sie treten allerdings weder als Helden auf, noch sind sie witzig. Terence Hill ist in einer Nebenrolle, Bud Spencer als Statist zu sehen.

Der Durchbruch

Niemand ist schneller mit dem Colt als der müde Joe (Terence Hill), genannt »die rechte Hand des Teufels«. Nur sein Bruder »der Kleine« (Bud Spencer), eben »die linke Hand«, kann genauso gut schießen. Die Westernparodie »Die rechte und die linke Hand des Teufels« bringt 1969 den Durchbruch.

***Bud Spencer** und **Terence Hill** sind Italiens erfolgreichstes Film-Komiker-Duo der siebziger Jahre.*

EIN SCHLAG-

Terence Hill

Als Zwölfjähriger für den Film entdeckt, hatte Terence Hill bereits in 25 Filmen mitgespielt – und Schauspielunterricht genommen –, als Luchino Visconti ihn 1963 für seinen Film »Der Leopard« engagierte. In Deutschland trat der blauäugige Strahlemann in vier Karl-May-Verfilmungen auf, zurück in Italien wird seine wohl bekannteste Rolle 1973 die des »Nobody«. Publikumserfolge sind auch seine Lucky-Luke-Filme und die 16-teilige Serie »Don Matteo«.

Knallharte Italo-Western

1967 bekommen sie die Rollen als »Dan« und »Django« im Italo-Western »Gott vergibt … Django nie!«. Aber »Mario« und »Carlo« als Westernhelden? Amerikanische Namen lassen sich besser verkaufen. Die Produktionsfirma legt Mario Girctti eine Liste mit 20 Namen vor und gibt ihm 24 Stunden Zeit. Er entscheidet sich für Terence Hill. Der Name gefällt ihm und hat dieselben Initialen wie der Name seiner Mutter. Aus Carlo Pedersoli wird Bud Spencer. Er wählt den Namen, weil er den Schauspieler Spencer Tracy schätzt – und »Bud«, weil er gerade vor einem Budweiser-Bier saß.

Noch einmal ein Western

Nach fast zehn Jahren Pause drehen sie 1994 ihren achtzehnten gemeinsamen Film, »Die Troublemaker«. Terence Hill führt Regie, sein Sohn Jess schreibt das Drehbuch, an der Seite der beiden Stars die deutschen Schauspielerinnen Anne Kasprik und Eva Hassmann. Zur Weltpremiere 1995 in Dresden reisen beide Schauspieler an. Terence besucht Haus und Grab seiner Großeltern – seine Mutter stammte aus Dresden, vier Jahre seiner Kindheit lebte er selber in Lommatzsch bei Dresden.

Westernklamauk

Der fünfte Film, »Vier Fäuste für ein Halleluja« (in der DDR unter dem Titel »Der Kleine und der müde Joe«), entsteht 1970 und wird ein Kassenerfolg in ganz Europa. Kein brutaler Spaghetti-Western mehr, sondern spaßiger Western-Ulk. Die »Hau-Drauf-Komödien« mit lockeren Sprüchen und den lustig inszenierten Schlägereien machen das Duo weltbekannt.

KRÄFTIGES DUO

»Bud Spencer & Terence Hill Fantreffen« in Deutschland

Seit 2001 treffen sich an einem Sommerwochenende die Fans – obligatorisch ist der Bohneneintopf, gewürzt mit Kinofilmen. Kostümwettbewerbe, Bananenwettessen und Musik der ungarischen »Spencer Hill Magic Band« machen die Party rund.

Noch witziger

In der deutschen Synchronbearbeitung bekamen die beiden Schauspieler in Einstellungen, in denen keine Lippenbewegungen zu sehen war, zusätzlich Kalauer »in den Mund gelegt«.

Film auf Film, Schlag auf Schlag

Als Piraten, Piloten, Rennfahrer, Missionare, Ganoven, Spieler, Touristenführer, Schatzsucher oder Polizisten prügeln und blödeln sie sich durch die Siebziger. Mitte der Achtziger hat sich das Erfolgsrezept erschöpft. In den »Miami Cops« ist das Duo 1985 vorerst das letzte Mal zu sehen.

Bud Spencer

Bud Spencer sagt von sich, er sei kein professioneller Schauspieler, sondern ein Darsteller, dessen Typ beim Publikum gut ankommt. In der Rolle des gutherzigen Raufbolds, der, einmal aus der Ruhe gebracht, seine Fäuste einzusetzen weiß, dreht er ohne Partner Terence Hill 41 Filme, darunter Publikumserfolge wie »Banana Joe«, »Buddy haut den Lukas«, »Eine Faust geht nach Westen, die »Plattfuß«-Reihe und die Serie »Zwei Supertypen in Miami«. Seine überhaupt erste Rolle war die des Leibwächters von Nero in dem in Cinecittà gedrehten Hollywood-Monumentalfilm »Quo Vadis?«.

Der durch die **HÖLLE** *ging*

Dantes *„Göttliche Komödie“*, entstanden um 1307 bis 1327, ist das erste umfangreiche dichterische Werk in italienischer Sprache und löste Latein als Literatursprache ab. Dante schildert eine Reise durch Hölle und Fegefeuer hin ins Paradies. Er ordnet das Jenseits nach Sünden und angemessener Vergeltung und bevölkert es mit Zeitgenossen, mythischen Gestalten, berühmten Herrschern und Päpsten, antiken Autoren, mittelalterlichen Künstlern, die er je nach seiner Einschätzung in den drei Reichen des Jenseits ansiedelt.

DIE HÖLLE

Die Hölle hat die Gestalt eines Trichters und windet sich nach links, denn links ist das Böse. Tritt man durch das Höllentor, kommt die „Vorhölle“, wo die „Lauen“ – weder vom Himmel noch der Hölle zugelassen – „von Bienen und Wespen“ gepeinigt werden. In der Hölle selbst gibt es neun Kreise.

1. Kreis, der Limbus: Treffpunkt der „ungetauften Kinder“ und der „gerechten Heiden“. Sie erleiden keine Qual, haben aber auch keine Hoffnung auf Erlösung.
2. Kreis: Die „Wollüstigen“ werden durch starke Winde umhergetrieben.
3. Kreis: Die „Schlemmer“ stehen im Dauerregen.
4. Kreis: „Geizige“ und „Verschwender“ müssen schwere Lasten wälzen.
5. Kreis: Die „Zornigen“ raufen und wälzen sich im Schlamm, die „Trägen“ sitzen fest darin.
6. Kreis: Die „Ketzer“ liegen in glühenden Särgen.
7. Kreis: Hier und im 8. Kreis gibt es verschiedene „Übelbuchten“: „Wüteriche“, „Mörder“ und „Räuber“ wälzen sich in Lachen siedenden Blutes. „Selbstmörder“ sind in Dornensträuche verwandelt, durch die „die Vernichter ihrer bürgerlichen Existenz“ von Hunden gehetzt

werden. „Gotteslästerer“ und „Wucherer“ sind gefangen in einem Sandmeer, auf das Feuerflocken regnen.

8. Kreis: „Kuppler“ und „Verführer“ werden von Teufeln gepeitscht und im Kreise gehetzt. „Schmeichler“ stehen in einer Kloake und schaufeln Kot. „Verschacherer von Gnadengütern“ stecken mit brennenden Füßen kopfüber im Boden. „Zauberer“ und „Wahrsager“ laufen mit dem Kopf in den Nacken verdreht herum. „Bestechliche“ und „andere Gauner“ werden in Pech gesotten. „Heuchler“ schleichen unter der Last goldglänzender Kutten aus Blei umher. „Diebe“ sind mit Schlangen zusammengesperrt. „Üble Ratgeber“ schmoren in Flammen. „Zwietrachtstifter“ werden mit Schwertern von Teufeln zerhauen. „Fälscher“ erleiden alle Krankheiten des Körpers und der Seele.
9. Kreis: „Verräter“, die schlimmsten aller Sünder, stecken eingefroren im Eis, in der Mitte der Fürst des Höllenreiches, Luzifer.

DAS FEGEFEUER

Nach Durchschreiten der Höllenkreise kommt der „Läuterungsberg“: das Fegefeuer. Über sieben Ebenen, die immer rechts herum durchschritten werden, denn rechts ist das Gute, geht es nach oben. Die Hölle ist für jene, die auf ihrer Sünde beharren, das Fegefeuer für die, die irgendwann erlöst werden und das Paradies betreten dürfen.

Vorräume: Hier müssen die Seelen die ihnen bestimmte Frist auf Einlass zum Bußgang abwarten.

1. Ring: Die „Stolzen“ gehen tiefgebückt unter schweren Lasten.
2. Ring: Der „Neid“ wird mit Blendung der scheelen Augen gebüßt.
3. Ring: Rauch hüllt die „Zornigen“ ein.
4. Ring: Die „Trägen“ müssen rastlos laufen.
5. Ring: Die „Habgierigen“ und die „Verschwender“ liegen mit dem Gesicht nach unten im Staub.
6. Ring: Die „Schlemmer“ fasten.
7. Ring: Die „Wollust“ wird in Feuergluten abgebüßt.

Gipfelrund: Hier liegt das seit Adams Fall verlassene irdische Paradies

DAS PARADIES

Von der Erde aus geht es in das „Paradiso“, bestehend aus neun Himmeln. Die Seele lebt als Spiegelbild, Licht, Flamme oder Funke auf dem Planeten, dessen Einfluss auf ihr Wesen maßgeblich war.

1. Himmel: Der Fixsternhimmel. Hier hat die Seele Gelegenheit, Rückblick auf ihr irdisches Dasein zu werfen.
2. Himmel: Wer einem Gelübde auf Erden untreu geworden ist, ist auf dem „wandelbarem“ Mond beheimatet.
3. Himmel: Auf dem Merkur halten sich jene auf, die irdischen Staatsgeschäften zuliebe ihr Seelenheil hinter ihre Berufung gestellt haben.
4. Himmel: Auf der Venus verharren die, die der irdischen Liebe ergeben waren.
5. Himmel: Auf der Sonne leben solche, die erleuchtete Lehrer ihres Glaubens waren.
6. Himmel: Die tapferen Gottesstreiter, Märtyrer und Glaubenshelden sind auf dem Mars untergebracht.
7. Himmel: Auf dem Jupiter erstrahlen die Lichter der gerechten Herrscher.
8. Himmel: Saturn bietet Platz für die erdabgewandten, himmelswärts gerichteten Heiligen.
9. Himmel: Das Empyrium – ist pures Licht.

Im Visier der Mafia

GEFÄHRLICHE BERUFE

Ob sizilianische Cosa Nostra, neapolitanische Camorra, kalabrische 'Ndrangheta oder apulische Sacra Corona Unita, die italienischen Mafiaorganisationen verfolgen ihre »Geschäftsfelder« weltweit: Geldwäsche, Menschenhandel, Drogenhandel, Schutzgelderpressung, illegales Glücksspiel und Subventionsbetrug. Die Mafia setze inzwischen 140 Milliarden Euro um und mache 100 Milliarden Euro Gewinn, meldete Reuters 2012.

CARABINIERI UND ERMITTLER

Dass Polizisten im Kampf mit Verbrecherorganisationen gefährlich leben, ist klar. So wäre der amerikanische Cop Joe Petrosino 1909 besser nicht Vito Cascio Ferro nach Sizilien gefolgt – er kam nie wieder nach Hause. Natale Mondo kam 1985 noch knapp mit dem Leben davon, als ein tödliches Attentat auf seinen Vorgesetzten, den Kommissar Antonino Cassarà, verübt wurde. Anschließend wurde er sogar selbst verdächtigt, mit der Mafia zu paktieren. Drei Jahre später erschossen ihn Mafiosi im Spielzeugladen seiner Frau.

POLITIKER

Die Verstrickungen von Politik und Mafia sorgen immer wieder für Aufsehen. Wenn aus den Reihen der Politiker selber dagegen vorgegangen wird, ruft das die Mafia auf den Plan. Der Politiker Piersanti Mattarella bezahlte den Versuch, für Beamte ein Rotationsprinzip einzuführen, um Klüngelwirtschaft zu bekämpfen, 1980 mit dem Leben. Schon der erste prominente Mafia-Mord traf 1893 einen Politiker: Marquis Emanuele Notarbartolo, Bürgermeister von Palermo und zudem Präsident der Banco di Sicilia. Auch heute sind Politiker nicht sicher: Erst 2010 erschoss die Camorra den Bürgermeister der kleinen Stadt Pollica Angelo Vassallo, einen engagierten Umweltschützer, in Neapel auf offener Straße.

JOURNALISTEN

Allzu neugierige Reporter hat die Mafia gar nicht gern. Noch schlimmer, wenn der investigative Journalist auch noch selbst aus einer Mafia-Familie kommt! So erging es Peppino Impastato 1978. Eine verfeindete Familie ließ bei seiner Ermordung – er wurde auf Bahngleisen in die Luft gesprengt – ihre Verbindungen zu den Carabinieri spielen und alles so aussehen, als hätte Impastato ein Selbstmordattentat verübt. Schon 1960 starb Cosimo Cristina, weil er über die Verbindungen zwischen Mafia und Beamten berichtete, 1972 Giovanni Spampinato, als er zu Geschäften zwischen Mafia und alten Faschisten recherchierte.

RICHTER UND ANWÄLTE

Kaum ein Mafia-Attentat ist so berühmt-berüchtigt wie der Bombenanschlag auf Giovanni Falcone, bei dem auch dessen Frau und drei Leibwächter starben. Falcone wollte die Justiz umkrempeln, gründete eine Sonderkommission und initiierte Mitte der 80er den »Maxi-Prozess«, in dem nicht mehr Einzelverbrechen, sondern die Mafia als Organisation zur Diskussion stand und hunderte Mafiosi auf der Anklagebank saßen. Im Juli 1992, zwei Monate nach der Ermordung Falcones, schlug die Mafia erneut zu und zündete eine Autobombe, die den Mitstreiter Falcones, Richter Paolo Borsellini und fünf seiner Leibwächter in den Tod riss. Manch ein Richter konnte sein Amt gar nicht erst antreten, wie Cesare Terranova, der 1979 nach seiner Wahl »präventiv« von der Mafia beseitigt wurde.

BAUERN- UND GEWERKSCHAFTSFÜHRER

Die sizilianische Mafia hat ihren Ursprung im dortigen Latifundiensystem: Im 19. Jahrhundert ließen Großgrundbesitzer ihre Güter von Statthaltern gegen aufständische Bauern und Briganten schützen. Diese Statthalter übernahmen dann selbst die Kontrolle und wurden zur Mafia. Ihre ersten Opfer waren folgerichtig widerständige Bauern, später auch Gewerkschaftsführer und Sozialisten, die sich gegen das ausbeuterische Vorgehen wehrten, beispielsweise Lorenzo Panepinto, der in seiner Heimatstadt Santo Stefano Quisquina eine Arbeiterpartei gründete. 1911 wurde er vor seinem Haus erschossen.

UNTERNEHMER

Schutzgelderpressung ist eines der Hauptbetätigungsfelder der Mafia – kein Wunder also, dass ihr auch einige widerspenstige Unternehmer zum Opfer fielen. Einer der bekanntesten ist Libero Grassi, Textilunternehmer mit etwa 100 Angestellten. Er informierte die Medien detailliert über das Vorgehen der Erpresser, was zur Verhaftung von acht Mafiosi führte. 1991 wurde er aus einem Auto heraus erschossen.

STAATSKUNST

Die wohlgeordneten Freistaaten müssen den *Staat reich* und den *Bürger arm* halten.

Wenn der Teufel Menschen in *Verwirrung* bringen will, bedient er sich dazu der *Idealisten.*

Die Menschen sind so einfältig und passen sich den Notwendigkeiten des Augenblicks so *lammfromm* an, dass einer, der sie betrügen will, *immer* einen Dummen findet, der sich betrügen lässt.

Nationen, die man unterworfen hat, muss man entweder *glücklich machen* oder *vernichten.*

Es ist ein Vergnügen anzusehen, wie *blind* die Menschen für ihre eigenen Sünden sind und wie *heftig* sie die Laster verfolgen, die sie selbst nicht haben.

Kluge Männer machen sich immer ein *Verdienst* aus ihren Handlungen, auch wenn allein die Notwendigkeit sie dazu zwingt.

AUF ITALIENISCH
15 *Ansichten von Niccolò Machiavelli*

Die Menschen sind entweder *liebenswürdig zu behandeln* oder *unschädlich zu machen*, denn wegen geringfügigen Unrechts rächen sie sich.

Wer dauerhaften Erfolg haben will, muss sein Vorgehen ständig *ändern*.

Die Ursache der *Zwietracht* in Republiken ist größtenteils Muße und Frieden, die Ursache der *Einigkeit* Furcht und Krieg.

Die Menschen verwinden den *Tod* ihres Vaters rascher als den *Verlust* des väterlichen Erbes.

Der Mensch ist von Natur aus ehrgeizig und misstrauisch und weiß sich im Glück nicht zu mäßigen.

Tust du *Gutes*, tu es langsam. Tust du *Böses*, tu es auf einmal.

Ich glaube, dass der rechte Weg, ins Paradies zu kommen, der sein müsste, den *Weg zur Hölle kennenzulernen*, um ihn zu meiden.

Wenn die Menschen *zehn Dinge* ehrenvoll verrichtet haben und dann *eines* fehlschlägt, hat dieses *eine*, besonders wenn es wichtig ist, die *Kraft*, *alle übrigen zu vernichten*.

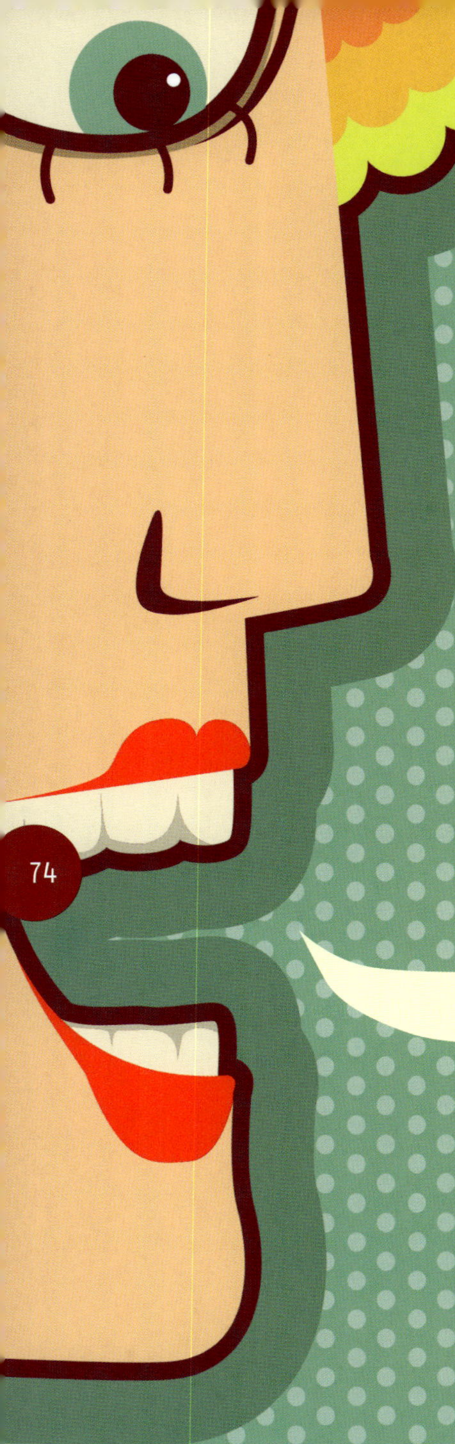

Wie es die Italiener

Fass an Eisen!

= Klopf auf Holz!

Wasser im Mund!

= Kein Wort zu niemandem!

Die hohlen Ähren halten den Kopf hoch.

= Die dümmsten Bauern haben die dicksten Kartoffeln.

Über das Geschlecht der Engel diskutieren.

= Um des Kaisers Bart streiten.

Eine Kirsche zieht die andere nach.

= Appetit kommt beim Essen.

Mager wie eine Sardelle.

= Dünn wie eine Bohnenstange.

Das macht mir einen Klecks.

= Das ist mir wurscht.

Das Pferd schlägt sich durch, bis das Gras wächst.

= Da kannst du warten, bist du schwarz wirst.

Auch die Fische des Königs haben Gräten.

= Die anderen kochen auch nur mit Wasser.

Dem Wolf ins Maul! Soll er verrecken!

= Hals- und Beinbruch!

Das ist kein Mehl aus deinem Sack.

= Das ist nicht auf deinem Mist gewachsen.

Die Zunge drückt, wo der Zahn weh tut.

= Wes das Herz voll ist, des geht der Mund über.

Kohl!

= Donnerwetter!

sagen *Sprichwörter und Redewendungen*

und ihre deutsche Entsprechung

Jedes Gras wird Heu.

= Kommt Zeit, kommt Rat.

Die Kirsche auf der Torte.

= Das i-Tüpfelchen.

In der Zeit, als Berta am Spinnrad saß

= In alten Zeiten..

Made in Italy

Die 10 wertvollsten Violinen der Welt

Sie haben einen einzigartigen Klang, sind unvorstellbar wertvoll, tragen Namen wie »Nachtigall«, »Lerche«, »The sleeping beauty« oder heißen nach ihren (einstigen) Besitzern oder berühmten Violinisten, die sie spielten. Aus den Werkstätten zweier Geigenbauer aus Cremona kamen die besten Geigen der Welt. Objekt der Begierde sind die von Antoni Stradivari und Giuseppe Guarneri gebauten Instrumente aber nicht nur im legalen Verkauf.

Die ex-Ries hat einen Wert von rund 3,5 Millionen Euro und befindet sich im Besitz der Reinhold Würth Musikstiftung, die die Stradivari an den ungarischen Musiker Jozsef Lendvay verliehen hat.

Die La Pucelle wechselte für einen Preis von 4,3 Millionen ihren Besitzer. Der Name der Stradivari (die Jungfrau) geht auf den französischen Geigenbauer Vuillaume zurück, der ihren Ton als rein und jungfräulich beschrieb.

Die ex-Szigeti Stradivari erzielt einen Preis von rund 4,3 Millionen Euro, ist im Besitz der Landesbank Baden-Württemberg und wird an Musiker verliehen.

Die Molitor wird 2010 bei einer Auktion von der Violinistin Anne Akiko Meyers für 2,7 Millionen Euro ersteigert.

Die Dolphin wird auf 4 Millionen Euro geschätzt, gehört der Nippon Music Foundation und wird von der Geigerin Akiko Suwanei gespielt.

Die Lord Wilton wird mit einem Wert von 4,3 Millionen Euro beziffert. Gespielt wurde die Guarneri aus dem Jahr 1742 unter anderem von Yehudi Menuhin.

Die ex-Carrodus Guarneri hat einen Wert von rund 5,1 Millionen Euro und ist im Besitz der Österreichischen Nationalbank. Vermutet wird, dass sie einst Niccolò Paganini gehörte.

Die ex-Kochanski wurde 2009 für rund 7,3 Millionen Euro an einen unbekannten russischen Milliardär verkauft. Sie ist eine der am besten erhaltenen Guarnerie-Violinen.

Die Nippon Music Foundation ließ **die Lady Blunt Stradivari** 2011 versteigern und spendete den Erlös an die Opfer des Erdbebens von Japan. Ein anonymer Bieter erwarb sie für 11,6 Millionen Euro. Ihren Namen erhielt die Violine nach der einstigen Besitzerin Lady Anne Blunt, einer Enkelin von Lord Byron.

Die Vieuxtemps befand sich seit 1966 im Besitz eines Londoner Bankiers, der in jungen Jahren Musik studiert hatte und seine Guarneri angeblich unterm Bett aufbewahrte, stets zur Hand. Ob ihre Versteigerung 2012 tatsächlich 25 Millionen Euro einbrachte, ist nicht belegt.

KRIMINELLE ZUGABEN

Der polnische Graf Zamoyski schenkte **die Gibson ex Huberman** dem Wunderkind Bronislaw Huberman. 1919 wird sie ihm zum ersten Mal gestohlen, aber bald wiedergefunden. Als Huberman 1936 in der Carnegie Hall auf seiner zweiten Meistergeige, einer Guarneri, spielt, schleicht sich Julian Altman in die Künstlergarderobe, greift sich die Stradivari und kommt unbehelligt davon. Altman tritt als Zigeunergeiger auf und spielt die Stradivari bis zu seinem Tod 1985 unentdeckt. Zwei Jahre später gibt seine Witwe die Geige gegen einen Finderlohn zurück.

Eine Amateur-Geigerin findet 1967 am Straßenrand einen Geigenkasten. David Margetts, Violinist des Universitätsorchesters von Los Angeles, hat die **Duke of Alcantara** nach einem Konzert auf dem Autodach abgelegt und vergessen. Die Frau erfreut sich an ihrem Fund bis zu ihrem Tod 1978. Nach einigem Hin und Her erhält die Universität 1995 das Instrument zurück.

ITALO-POP 10 OHR-WÜRMER

Umberto Tozzi: »Gloria«
Loretta Goggi: »Maledetta Primavera«
Al Bano & Romina Power: »Felicità«
Riccardo Fogli: »Storie di tutti i giorni«
Ricchi e Poveri: »Mamma Maria«
Adriano Celentano e Claudia Mori: »Non succederà più«
Toto Cutugno: »L'italiano«
Gianna Nannini: »Bello e impossibile«
Eros Ramazotti: »Ti amo«
Angelo Fabiani: »Canzone Italiana«

*Die zehn Gebote der Cosa Nostra**

1. *»Man stellt sich unseren Freunden nicht allein vor – dies geht nur über die Vermittlung eines Dritten.«*

2. *»Lass die Finger von den Ehefrauen unserer Freunde.«*

3. *»Wir machen keine Geschäfte mit den Bullen.«*

4. *»Wir besuchen weder Tavernen noch Clubs.«*

5. *»Es ist Pflicht, der Cosa Nostra jederzeit zur Verfügung zu stehen. Auch wenn die Frau kurz vor der Entbindung steht.«*

6. *»Verabredungen werden kategorisch eingehalten.«*

7. *»Die Ehefrau muss respektiert werden.«*

8. *»Wenn man nach etwas gefragt wird, was man weiß, muss man die Wahrheit sagen.«*

9. *»Es ist verboten, sich Gelder anzueignen, die anderen oder anderen Familien gehören.«*

10. *»Wer nicht der Cosa Nostra angehören kann:*
    - *Wer einen engen Angehörigen bei den Sicherheitskräften hat*
    - *Wer Fälle von Untreue in der Familie hat*
    - *Wer sich schlecht verhält – und sich nicht an moralische Werte hält.«*

*Quelle: La Repubblica / Spiegel

Bella figura mit italienischer Mode

Ferragamo

Ballerinaschuhe für Audrey Hepburn und Pumps mit elf Zentimeter Absätzen für Marilyn Monroe machten den gelernten Schuster Salvatore Ferragamo ebenso berühmt wie seine Erfindung von Keilabsätzen aus Kork. Ferragamo ist die Nummer 1 für tragbare und edle Schuhmode.
Berühmte Erfolgsgaranten: Marlene Dietrich, Greta Garbo, Eva Perón, Mary Pickford

Armani

Mit eleganter Herrenmode trat Giorgio Armani 1975 in die Modewelt ein. Aufträge aus der Filmindustrie – wie die Einkleidung Richard Geres im Film »Ein Mann für gewisse Stunden« – sorgen für einen rasanten Aufstieg.
Berühmte Erfolgsgaranten: Sean Connery, Kevin Costner, Katie Holmes, Sophia Loren

Fendi

Als die vier Fendi-Schwestern für ihr »Geschäft für Pelze und Leder« 1965 einen jungen Modeschöpfer aus Deutschland holten, wurden Eleganz und Kreativität zum Markenzeichen. Bis heute arbeitet Karl Lagerfeld als Chefdesigner.
Berühmte Erfolgsgaranten: Emmanuelle Béart, Naomi Campbell, Ambra Medda, Tilda Swinton

Prada

Prada steht für klassische und strenge Mode, kreierte den »Bad Taste«-Look und sorgte einst mit schwarz glänzenden Luxustaschen aus Fallschirmnylon für Aufsehen.
Berühmte Erfolgsgaranten: Willem Dafoe, Scarlett Johansson, Gary Oldman, Christoph Waltz

Gucci

Zeitlos klassische Mode kommt aus der einstigen »Werkstatt für Lederwaren und Gepäck«. Zum Welthit wurde der Bamboo Bag, eine Handtasche mit Bambusgriff.
Berühmte Erfolgsgaranten: Maria Callas, Audrey Hepburn, Grace Kelly, Jacqueline Kennedy, Sophia Loren

Valentino

Raffiniert und klassisch ist die Mode von Valentino Garavani. Eine seiner ersten Kundinnen war Elizabeth Taylor. Für die Hochzeit von Jacqueline Kennedy mit Onassis kreierte er ein aufsehenerregendes weißes Cocktailkleid.
Berühmte Erfolgsgaranten: Lady Diana, Rita Hayworth, Sharon Stone

Missoni

Missoni-Strick-Mode mit markanten Wellen- und Zickzackmustern war bei den Edel-Hippies der 70er Jahre der Hit. Vom Schal bis zum Bikini – alles gibt es im praktischen, schicken, fantasievollen Feinstrick.
Berühmte Erfolgsgaranten: Jennifer Aniston, Nicole Richie, Prinzessin Mary von Dänemark

Versace

Der prunkvolle Stil des Gianni Versace machte das Modelabel bei Rockstars wie Elton John beliebt. Aufsehen erregte Liz Hurley 1994 mit einem knappen, schwarzen Versace-Kleid, das seitwärts von überdimensionalen, goldenen Sicherheitsnadeln zusammengehalten wurde.
Berühmte Erfolgsgaranten: Linda Evangelista, Madonna, Demi Moore, Jon Bon Jovi

Dolce & Gabbana

Spielerisch, glamourös und ironisch ist der Stil der Designer Domenico Dolce und Stefano Gabbana, bekannt vor allem für erotische Mode für selbstbewusste Frauen – bis hin zu einem edelsteinbesetzten Korsett für Pop-Ikone Madonna!
Berühmte Erfolgsgaranten: David Beckham, Monica Bellucci, Beyonce, Kylie Minogue

VINI D'ITALIA

Weinland Italien

In der Top Ten der Weinexporteure liegt Italien auf Platz 1, in der Top Ten der Weinproduzenten liefert es sich immer wieder Kopf-an-Kopf-Rennen mit Frankreich, und der erste Rang im Pro-Kopf-Verbrauch fällt mal an Italien, mal an Frankreich oder auch Portugal, Luxemburg, Andorra.

Verführerische Vielfalt

Es gibt über 300 als Herkunftsgebiet definierte Regionen mit über 1000 verschiedenen Weintypen.

Die meistangebauten Rebsorten

Rot: Corvina, Montepulciano, Aglianico, Lambrusco, Primitivo, Nero d´Avola, Barbero, Pulcetto.
Weiß: Romagna, Piemont, Etna Bianco, Sicilia Bianco und Friaul.

Weinregionen

Kenner schätzen als beste Weinregionen das Piemont, die Toskana, das Veneto und das Friaul.

In vino veritas

Die Römer huldigten zwar dem Weingott Bacchus und feierten ausschweifende Feste, hielten aber für einen Säufer, wer seinen Wein unverdünnt trank.

Die erste Weinkrise

Der Ausbruch des Vesuvs im Jahr 79 begrub die Rebflächen an den Vulkanhängen und die Lagerware des Weinjahrgangs 78 unter Lavaströmen. Der Weinpreis stieg dramatisch an.

Ein kaiserliches Edikt

Als immer mehr Ackerfläche zu Rebflächen umgewidmet wurde, kam es zu Getreideknappheit. Im Jahr 92 untersagte Kaiser Domitian die Neuanlage von Weingärten in Rom und ordnete an, die Hälfte der Rebflächen in den Provinzen zu roden.

»Ja, ja, der Chianti-Wein, der lädt uns alle ein ...«

Chianti war einst das Synonym für italienischen Wein schlechthin und wurde in strohumflochtenen Flaschen verkauft. Er kommt aus der Toskana – insgesamt gibt es sechs klassische Chianti-Zonen – und darf nur aus bestimmten Rebsorten gemischt werden. Den größten Anteil hat die Sangiovese-Traube.

Weinskandale

1986 sterben 19 Menschen, elf erblinden nach dem Genuss von Rotwein, der mit Methylalkohol versetzt war. Zwölf Weinhändler werden zu Haftstrafen bis zu 16 Jahren verurteilt. 1992 werden vier Millionen Liter Wein beschlagnahmt, weil sie mit Schädlingsbekämpfungsmitteln versetzt sind.

Weinpanscher

2003 fliegt auf, dass Winzer den »Brunello di Montalcino« (Jahresproduktion knapp sieben Millionen Flaschen) nicht ausschließlich aus örtlichen Sangiovese-Trauben hergestellt, sondern mit Merlot und Cabernet Sauvignon verschnitten haben, um das Getränk vor allem für den Gaumen der amerikanischen Export-Kunden lieblicher zu machen.

Weinführer

Der »Gambero Rosso« gilt als Standardwerk für den italienischen Wein. Alljährlich verkosten über 100 Sommeliers rund 20 000 Weine von rund 2350 Weingütern und vergeben ihre Wertung.

Her Majesty was not amused

Im englischen Königshaus spricht man gern dem Sassicaia vom Gut des Marchese Incisa della Rocchetta in der Toskana zu, einem edlen Rotwein – die Flasche zu 180 Euro. Im Jahr 2 000 werden 20 000 Flaschen beschlagnahmt, die mit billigen Weinen verschnitten sind.

Messwein

Lieferanten von Messwein müssen die Reinheit ihres Weins beschwören. Der Messwein für den Vatikan kommt aus dem Friaul.

Promi-Winzer in Italien

Ulrich Tukur, Sting, Giannia Nannini bauen Wein in der Toskana an, Gérard Depardieu auf Sizilien, Adriano Celentano in der Lombardei, Ornella Muti im Piemont, Tobias Moretti im Latium.

Ordentlich PS
10 Fakten über Ferrari

Sportjournalist oder Opernsänger – so lauteten die Berufswunschalternativen des späteren Rennfahrers und Firmengründers ***Enzo Ferrari.***

Die Scuderia Ferrari begann 1929 als Werksteam von Alfa Romeo. ***Den ersten »echten« Ferrari*** gab es erst 1947, den 125 C Sport.

Der ***teuerste Ferrari der Welt*** ist ein 250 GTO, den ein Privatmann für fast 15 Millionen Dollar erwarb.

Das ***Ferrari-Rot »Rosso Corsa«*** ist traditionell die Farbe italienischer Motorsportteams. Diese Zuordnung hat sich allmählich verloren, nur die Scuderia schwört weiter auf die Farbe, die inzwischen zum Markenzeichen geworden ist.

Einem Ferrari und seinem Piloten Alberto Ascari verdankt die ***»Schwimmbadkurve«*** auf dem Circuit de Monaco ihren Namen, denn 1955 stürzte das Gespann mit zu viel Schwung direkt ins Hafenbecken. Der Fahrer blieb zum Glück unversehrt.

unter der Haube

1963 wollte **Ford** Ferrari aufkaufen. Da Enzo Ferrari aber ablehnte, machte sich Ford daran, Ferrari auszubooten – mit der Entwicklung des Rennwagens GT 40.

1980 wurde tatsächlich das ***Unmögliche*** diskutiert: ein Viertürer! Doch Oberhaupt Enzo Ferrari legte sein Veto ein.

In Dubai eröffnete 2010 die ***»Ferrari World«*** als größter Indoor-Themenpark der Welt. Schon nach einem Jahr mussten wegen mangelnder Auslastung 100 Mitarbeiter gehen.

Der vielleicht ***teuerste Unfall der Welt:*** 2011 wechselten acht Ferraris auf einmal in den Aggregatzustand »schrottreif« – der Crash, dem auch drei Mercedes-Benz und ein Lamborghini zum Opfer fielen, ereignete sich bei der Ausfahrt eines Sportwagen-Clubs in Japan.

Fast alle straßentauglichen Ferraris seit den 50er Jahren verdanken ihre Optik der ***Kreativschmiede Pininfarina.***

HOLLYWOOD VS. ITALIEN

ITALIEN:

Der Tag der Eule (Damiano Damiani, 1968)
Auf Sizilien wird ein Bauunternehmer auf offener Straße erschossen. Der ermittelnde Capitano ist sicher: Den Mörder findet er in der Mafia. Doch die Omertà erweist sich als unüberwindliches Hindernis. Von Damiani stammt auch die Serie »Allein gegen die Mafia«, die es auf zehn Staffeln brachte.

100 Schritte (Marco Tullio Giordana, 2000)
Ein Mafia-Sohn, der die Seiten wechselt und auf seinem eigenen Radiosender die Mafia attackiert. Diesen Mut bezahlte Giuseppe Impastato mit dem Leben, wie der beklemmende Thriller nachzeichnet.

Il Divo (Paolo Sorrentino, 2008)
»Dieses Werk ist ein Schurkenstreich, eine Niederträchtigkeit, ein boshafter Film!«, kommentierte Giulio Andreotti die bitter-satirische Verfilmung seiner Laufbahn. Sieben Mal wurde er Ministerpräsident, immer begleitet vom Verdacht auf Mafia-Verbindungen.

Die Macht und ihr Preis (Francesco Rosi, 1976)
Eine Mordserie an hohen Justizbeamten bringt den Ermittler auf die Spur einer staatstragenden Verschwörung. Als er erschossen wird, lässt der Innenminister verkünden: Es war Selbstmord …

Das Syndikat des Grauens (Lucio Fulci, 1980)
Ein Film, der in Deutschland wegen seiner expliziten Gewaltdarstellung immer noch indiziert ist: Ein zigarettenschmuggelndes Brüderpaar gerät in einen blutigen Bandenkrieg in Neapel – angezettelt von einem Heroin-Syndikat, das die Camorra für sich einspannen will.

WER MACHT DIE SPANNENDEREN MAFIA-FILME?

HOLLYWOOD:

Scarface (Howard Hawks, 1932)
Der Klassiker des amerikanischen Mafia-Films, lose basierend auf der Geschichte von Al Capone im Chicago der 20er Jahre. Das blutige Finale musste aus der amerikanischen Kinofassung verschwinden.

Good Fellas (Martin Scorsese, 1990)
In epischer Breite erzählt der Film die Geschichte eines Jungen von erster Kleinkriminalität, Mafia-Karriere und letzter Station Zeugenschutzprogramm. Scorseses Charaktere sind, anders als in der romantisierten »Pate«-Darstellung, sadistisch und unberechenbar.

Donnie Brasco (Mike Newell, 1997)
Ein FBI-Agent wird für verdeckte Ermittlungen in die New Yorker Mafia eingeschleust – und gerät immer mehr in den Sog seiner neuen »Familie«, während er Frau und Kind in Lebensgefahr bringt.

Der Pate (Francis Ford Coppola, 1972)
»Der beste Werbespot für die Mafia, der je gedreht wurde«? Marlon Brando und Al Pacino sind Vater und Sohn Corleone, die sich im blutigen Kampf der fünf New Yorker Mafia-Familien mit List, Tücke und Pathos durchsetzen. Teil II und III setzten den Erfolg fort.

The Untouchables (Brian De Palma, 1987)
»Was wären Sie bereit zu tun?«, fragt der alte Hase den jungen Cop im Kampf gegen Al Capone im Film über dessen Dingfestmachung wegen Steuerhinterziehung. Übrigens stirbt im Film jeder Polizist, der Alkohol trinkt (und damit gegen das Prohibitionsgesetz verstößt).

BELIEBTE ZEICHENTRICKFIGUREN UND IHRE ITALIENISCHEN NAMEN

LILLI E BIAGLO – SUSI UND STROLCH
PRINCIPE VALIANT – PRINZ EISENHERZ
TINTIN E MILÙ – TIM UND STRUPPI
APE MAIA – BIENE MAJA
QUI, QUO E QUA – TICK, TRICK UND TRACK
PAOLINO PAPERINO – DONALD DUCK
TOPOLINO – MICKY MAUS
LA PANTERA ROSA – DER ROSAROTE PANTHER
PIPPI CALZELUNGHE – PIPPI LANGSTRUMPF
MORTADELLO E POLPETTA – CLEVER + SMART
CAPITANO ORSO BLU – KÄPT'N BLAUBÄR
I PUFFI – DIE SCHLÜMPFE

So schmeckt Italien

10 typische Kräuter und Gewürze
... und ihre Verwendung in Küche und Hausapotheke

Basilikum
Pesto alla genovese
gegen Appetitlosigkeit, Blähungen, Völlegefühl und Rachenentzündungen

Oregano
Tomatensoße
entkrampfend; zur Geburtsbeschleunigung und gegen Hämorrhoiden

Thymian
zu Lamm
bei Asthma und Atemnot

Safran
Risotto alla Milanese
Aphrodisiakum

Salbei
Saltimbocca
gegen Halsschmerzen und übermäßiges Schwitzen

Knoblauch
Spaghetti aglio e olio
wirkt antibakteriell und antithrombotisch, beugt Arteriosklerose vor

Rosmarin
Pasta e fagioli
durchblutungssteigernd und harntreibend; bei Kreislaufschwäche, Gicht und Rheuma

Aceto balsamico
zu Erdbeeren oder als Vinaigrette
aktiviert den Stoffwechsel und das Immunsystem

Majoran
als Wurstgewürz
lindert Kopfschmerzen und hilft bei der Wundheilung

Lavendel
Kräuterrisotto
als Duftöl und gegen Unruhe und Einschlafstörungen

Von Adlern und Wölfen
20 Sportler und ihre Spitznamen

Valentino Rossi (Motorrad): IL DOTTORE (der Doktor)

Marco Pantani (Radsport): Il Pirata (der Pirat) oder *Elefantino* (kleiner Elefant)

Roberto Baggio (Fußball/Sturm): *Il Divin Codino* (göttliches Zöpfchen)

Alberto Tomba (Ski alpin): **LA BOMBA** (die Bombe)

Alessandro Zanardi (Autosport): **The Doughnut King**

Mario Balotelli (Fußball/Sturm): *Super Mario*

Luca Marin (Schwimmen): **BALU**

Fausto Coppi (Radsport): IL CAMPIONISSIMO (der Superchampion)

Fabio Cannavaro (Fußball/Abwehr): **Il muro di Berlino** (die Berliner Mauer)

Max Biaggi (Motorrad): **MAD MAX** oder THE ROMAN EMPORER

Enzo Ferrari (Autosport): Il Commendatore (Bezeichnung für einen hohen italienischen Ordensrang)

Sebastian Giovinco (Fußball/Mittelfeld): *La Formica Atomica* (die atomare Ameise)

Giovanni Lavaggi (Formel 1): **Johnny Carwash**

Pierino Prati (Fußball): **LA PESTE** (die Pest)

Gino Bartali (Radsport): GINETTACCIO (Gino der Schreckliche)

Attilio Lombardo (Fußball/rechtsaußen): Popeye oder ***The Bald Eagle*** (der kahlköpfige Adler)

Enzo Coloni (Autosport): **Il Lupo** (der Wolf)

Alessandro del Piero (Fußball/Sturm): PINTURICCHIO (ein Maler der Renaissance)

Alberto Ascari (Formel 1): ***Ciccio*** (Dickerchen)

Carlo Cudicini (Fußball/Tor): ***Spiderman***

Einzigartigkeiten in FLORA und FAUNA

Durch die Mitte und den Süden des Stiefels schlängelt sich die **Italienische Äskulapnatter** – mit etwa 1,5 Metern Länge groß und kräftig, aber ungiftig. Sie mag Ruinen und Gärten, man kann ihr also durchaus auch als Tourist begegnen, wenn sie ein Sonnenbad nimmt.

Der **Italienische Wolf** ist kleiner und zarter als seine osteuropäischen Kollegen und zeichnet sich durch eine ausgeprägte Schwarzfärbung an den Vorderläufen aus.
Er lebt vor allem im Gebirge, im Apennin und in den Alpen.

Der Monte Baldo in Südtirol ist für Botaniker besonders faszinierend, denn er ist ein »Nunatak«, also ein Berg, der auch in Eiszeiten aus der Eisdecke herausragte und auf dem sich daher eine einzigartige Flora erhalten hat.
Einige Unterarten des **Buschwindröschens,** des **Labkrauts** und von **Erdorchideen** gibt es nur hier.

Den **Maskierten Steinbeißer** findet man nur in nord- und mittelitalienischen Gewässern mit Sand- und Schlammgründen, wo er sich tagsüber eingräbt. Über die Lebensweise und Biologie dieser kleinen, langgestreckten Fischart ist sehr wenig bekannt. Seine Oberseite ist rötlich-braun marmoriert, am Maul hat er sechs Oberlippenbarteln.

Die runde bis birnenförmige **Bergamotte,** vermutlich ein Hybrid aus Zitrone und Blutorange, wird nur entlang eines schmalen, etwa einhundert Kilometer langen Küstenstreifens in Kalabrien angebaut. Ihr Öl ist ein unverzichtbarer Basisstoff für Parfüm, insbesondere für Kölnisch Wasser, dem es die spritzige Kopfnote verleiht.

Die **Schopfteufelskralle** kommt ausschließlich in den Dolomiten, also in Südtirol, Belluno und dem Trentino, vor – und ist selbst dort äußerst selten. Die Dolden bildenden Blütenblätter, die wie kleine Kokons mit langen Spitzen aussehen, sind hell-lila bis purpurn.

Die **Gardaseeforelle** gehört zur Familie der Lachsfische und kommt – der Name verrät es – ausschließlich im Gardasee vor. Sie wird bis zu 50 Zentimeter lang und lebt in 100 bis 200 Metern Wassertiefe.

Der **Italienische Springfrosch** lebt in der Po-Ebene. Der braune Frosch mit langen Beinen bewohnt am liebsten lichte Laubwälder mit hohem Grundwasserspiegel, ersatzweise aber auch Reisfelder.

Auf der gesamten Apennin-Halbinsel, sogar auf Sizilien und mit ein bisschen Glück im Vatikan, trifft man den **Italienischen Laubfrosch,** der es in Höhen über 1800 Meter schafft zu überleben und auch sonst ein Anpassungskünstler ist. Das Männchen verfügt über einen Kehlsack, der beim Werben um ein Weibchen fast die Größe seines gesamten Körpers erreicht.

Der **Italienische Näsling** lebt in größeren Flüssen Norditaliens, am liebsten in seichten Kiesbetten mit starker Strömung. Er wird bis zu 45 cm groß. Seinen Namen verdankt er seiner nasenartigen, abgestumpften Schnauze mit ausgeprägten Lippen.

FAHRSPASS PUR!

ALFA ROMEO

Als Sinnbild für »la dolce vita« gilt besonders der Alfa Romeo »Spider«. Diesen Ruf bescherte ihm 1967 sein werbewirksamer Auftritt in dem Kinofilm »Die Reifeprüfung« mit Dustin Hoffman. Der »Spider« der Baureihe 105 bzw. 115 wurde von 1966 bis 1993 hergestellt und ist damit eines der am längsten fast unverändert hergestellten Cabriolets.

MASERATI

Die Marke mit dem Dreizack im Label gilt im Vergleich zur Sportwagenkonkurrenz als die gediegenere Variante. 1946 begann das 1914 gegründete Unternehmen mit der Produktion von Serienfahrzeugen. Die Sportlimousine »Quattroporte« war bei Markteinführung 1963 mit 255 km/h der schnellste Viertürer seiner Zeit und wurde zum fünfzigjährigen Jubiläum einer Frischzellenkur unterzogen.

VESPA

Die Wespe, der kleine Motorroller der Firma Piaggio, kam erstmals 1946 auf den Markt und ist ein Stück italienische Lebensfreude. Das erste Modell wurde liebevoll »Paperino« (Entchen) genannt. Heute sind die wendigen Zweiräder aus den italienischen Städten nicht mehr wegzudenken.

APRILIA

Aprilia begann als Fahrradhersteller, brachte aber ab 1978 Mopeds und Motocross-Räder auf den Markt. Das Naked-Bike-Modell »MOTO 6.5« aus dem Jahr 1995 steht sogar im Museum of Modern Art in New York.

Italienische Kultmarken

Fiat

Die Kleinwagen gelten als die unscheinbaren Esel der italienischen Fortbewegung. Obwohl Fiat besonders in den 70er Jahren mit großer Innovativität glänzte, standen die Erfolge im Schatten der prestigeträchtigen Sportwagenmarken. Trotzdem gehören gerade die kultigen kleinen Cityflitzer wie der »500« oder der »Panda« zu Italiens Straßen wie Pesto zu Pasta.

Ducati

Erst Radioteile, dann Fahrradhilfsmotoren und schließlich Motorräder: Die Traditionsmarke mit dem feuerroten Emblem zelebriert Leichtbau auf höchstem Niveau und wurde zum Inbegriff für Zweirad-Motorsport – rau in der Handhabe, aber mit viel Feuer unterm Hintern wie bei der »Desmosedici«, deren erstes straßentaugliches Exemplar in den USA Tom Cruise kaufte. Seit 2012 hat Ducati eine neue Heimstatt unter dem Dach von Audi/VW.

Lamborghini

Die Legende geht so: Traktorenfabrikant Ferruccio Lamborghini war begeisterter Ferrari-Fahrer, doch seine Verbesserungsvorschläge wurden einfach abgebügelt. Also baute Lamborghini 1964 seinen eigenen Sportwagen: den »350 GT« mit dem wilden Stier im Wappen, der das Ferrari-Pferdchen auf die Hörner nehmen kann. Galt der Erstling noch als »schönster Ferrari aller Zeiten«, entwickelte Lamborghini mit den flügeltürigen Flundern à la »Countach« bald ein eigenes Gesicht.

Ferrari

Das »Cavallino rampante«, das springende Pferdchen von Ferrari, ist aus der Formel 1 nicht wegzudenken. Kult unter den straßentauglichen Modellen ist z. B. der »F 40« mit aggressiver Karosserie und dominantem Heckspoiler. Heute gehört der in Maranello ansässige Konzern, der seit den 60er Jahren mit Lamborghini um die Käufergunst der High Society kämpft, zu 90 Prozent zu Fiat.

GELD, KUNST UND MACHT

GIOVANNI; PAPST LEO X. (1475–1521)
genoss auf Wunsch seiner Mutter eine religiöse Erziehung. Als Papst förderte er nicht nur die Hochkultur, sondern hatte auch stets einen Hofnarren bei sich.

PIERO II., DER UNGLÜCKLICHE (1472–1503)
wurde als ältester Sohn das nächste Familienoberhaupt. Eine schlechte Wahl, denn Piero war mitverantwortlich für den Einmarsch der Franzosen nach Italien und wurde aus Florenz vertrieben. Der fanatische Bußprediger Savonarola übernahm die Macht.

LORENZO II. (1492–1519)
errang nach Savonarolas Ende die Macht der Medici in Florenz zurück. Machiavelli widmete ihm seine Schrift »Der Fürst«, und seine Tochter Caterina (1519–1589) wurde 1547 durch Heirat mit Heinrich II. zur Königin von Frankreich.

ALESSANDRO, DER MAURE (1510–1537)
wurde 1532 – obwohl nur unehelicher Sohn von Lorenzo – sogar zum Herzog von Florenz ernannt. Er war der letzte Stadtherr aus der alten Medici-Linie.

COSIMO I. (1519–1574)
kam als Erster der jüngeren Medici-Linie blutjung – mit 17 – an die Macht. Er entwickelte sich zum Despoten, worin ihm sein Sohn Francesco folgte. Erst dessen Bruder Ferdinando I. (1549–1609) konnte Florenz wieder zur Blüte bringen. Sein Sohn Cosimo II. wurde als Beschützer und Förderer Galileis bekannt. 1737 starb der letzte Medici-Stadtherr.

Die Medici

GIULIANO I. (1453–1478)
lenkte mit Lorenzo die Geschicke der Stadt, bis er von der verfeindeten Familie Pazzi ermordet wurde. Sein unehelicher Sohn Giulio (1478–1534) wurde 1523 zu Papst Clemens VII.

LORENZO I., DER PRÄCHTIGE (1449–1492)
regierte ganz ohne öffentliche Ämter, nur durch Mäzenatentum, und machte Florenz zum künstlerischen Zentrum der Renaissance. Er protegierte Botticelli und Buonarroti sowie den Neoplatonismus.

COSIMO, DER ALTE (1389–1464)
strukturierte, zu politischen Ämtern gekommen, die »Republik« Florenz zu einer Autokratie um. Er ist der Vater der humanistischen und kunstsinnigen Familientradition. 1444 gründete er mit der Biblioteca Medicea Laurenziana die erste frei zugängliche Bibliothek.

PIERO I., DER GICHTIGE (1416–1469)
leitete trotz seiner kränklichen Konstitution das Familienimperium. Spätestens 1467 überließ er die Amtsgeschäfte aber seinem Sohn Lorenzo.

GIOVANNI DI BICCI DE' MEDICI (1360–1429)
begründete den wirtschaftlichen Aufstieg des Clans, indem er 1379 die »Banco dei Medici« in Florenz etablierte.

SCHLAGZEILEN 10 POLITISCHE ATTENTATE

Rom +++ 15. März 44 v. Chr. +++ Senatoren töten Diktator Julius Cäsar während Senatssitzung mit 23 Dolchstößen ermordet. Mittäter auch sein Vertrauter Brutus

Rom +++ 7. Dezember 43 v. Chr. +++ Todesurteil für Schmähreden Konsul Marcus Antonius lässt seinen politischen Widersacher Cicero töten. Verstümmelte Leiche öffentlich zur Schau gestellt

Rom +++ 13. Oktober 54 +++ Kaiser Claudius stirbt rach Verzehr eines Pilzgerichts Ehefrau unter Tatverdacht. Machte Agrippina den Weg für ihren Sohn Nero frei?

Palermo ++++ Mai 1249 +++ Deutsch-römischer Kaiser überlebt Giftanschlag Leibarzt verabreicht Friedrich II. einen Giftbecher. Kaiser hält Papst Innozenz IV. für den Drahtzieher

Rom +++ 15. November 1848 +++ Tödliche Schüsse auf päpstlichen Premierminister
Zwei Monate nach Amtsantritt wird Pellegrino Graf Rossi ermordet. Übersteht der Kirchenstaat die Krise?

Monza +++ 29. Juli 1900 +++ Italienischer König Opfer eines Racheakts
Viermal schießt der Anarchist Gaetano Bresci auf Umberto I., sein Motiv: Vergeltung für das brutale Vorgehen gegen Streikende

Rom +++ 13. Mai 1981 +++ Rechtsextremist schießt auf Papst
Zwei Pistolenschüsse treffen Johannes Paul II. im offenen Papamobil. Rätsel um Motiv des Attentäters Ali Agca. Gibt es Hintermänner im Vatikan, beim KGB, hat Ayatollah Khomeini seine Hand im Spiel?

Rom +++ 9. Mai 1978 +++ Terroristen töten Geisel
Mitglieder der Roten Brigaden entführen Aldo Moro, um Freilassung inhaftierter Gesinnungsgenossen zu erpressen. Nach 55-tägiger Geiselhaft erschießen sie den christdemokratischen Politiker

Rom +++ 11. September 1926 +++ Bombenanschlag auf den Duce
Der Anarchist Gino Lucetti wirft eine Bombe auf das Auto des Faschistenführers. Mussolini bleibt unverletzt

Rom +++ 14. Juli 1948 +++ Schüsse auf Kommunistenführer
Faschist schießt auf KPI-Chef. Eindringlich mahnt schwerverletzter Palmiro Togliatti, der Provokation zum bewaffneten Aufstand zu widerstehen. Generalstreik in Italien

Kleine To-Do-Liste

1. **MÜNZEN** in die **FONTANA DI TREVI** in Rom werfen
1 Münze = sichere Rückkehr nach Rom
2 Münzen = du verliebst dich in eine/n Römer/in
3 Münzen = du heiratest diese/n Römer/in
(So kommen übrigens eine Million Euro jährlich zusammen, die der Caritas gespendet werden.)

2. In **PISA** ein **FOTO** schießen, auf dem man scheinbar den schiefen Turm abstützt

3. In der Casa di Giulietta **IN VERONA** mit Kaugummi einen **LIEBESBRIEF** an die Wand des Hofdurchgangs kleben und für zukünftiges Liebesglück die rechte **BRUST DER BRONZE-JULIA** betatschen

4. Abends, wenn die Massen weg und der Weg frei von Booten ist, in die **BLAUE GROTTE VOR CAPRI SCHWIMMEN**

für Touristen

5. Für 100 Euro die Stunde mit der **GONDEL** über **VENEDIGS KANÄLE** schippern

6. In der römischen Basilika »Santa Maria in Cosmedin« seine Hand in den **»BOCCA DELLA VERITÀ«** – den Mund der Wahrheit – legen; Lügnern werden die Finger abgebissen

7. Am **STRAND VON RIMINI** mit dem Handtuch eine **SONNENLIEGE** blockieren

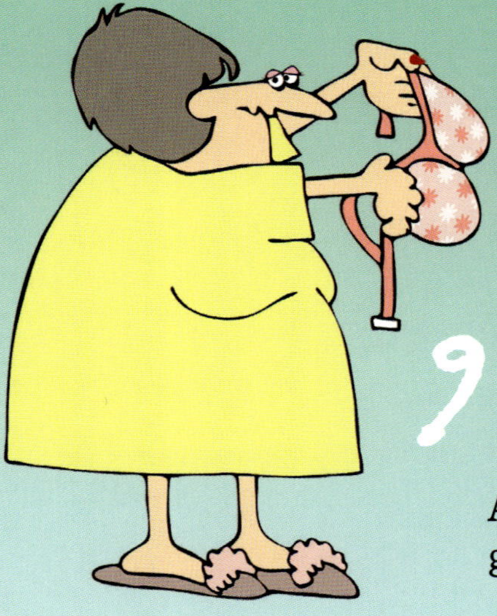

8. In **CORLEONE** auf Sizilien auf den ehemaligen Gütern der Cosa Nostra nächtigen und sich in der Central Bar ein **GLÄSCHEN »IL PADRINO«** (»Der Pate«, ein Kräuterlikör) genehmigen

9. In **MAILAND** im **»GOLDENEN VIERECK«** bei Gucci, Armani & Co. einkaufen gehen

10. *Nur für die Damen:* die **GRABSKULPTUR DES RITTERS GUIDARELLO GUIDARELLI** in **RAVENNA** küssen, denn das bringt Glück und verheißt baldige Wiederkehr *(inzwischen sind allerdings nur noch Luftküsse möglich, da die Statue videoüberwacht wird)*

NON CAPISCO!

DIE ITALIENISCHE SPRACHVIELFALT

Mit der Entstehung eines einheitlichen italienischen Staates Mitte des 19. Jahrhunderts wurde der toskanische Dialekt – die Sprache von Dante, Petrarca und Boccaccio – zum Standarditalienisch. Doch auch viele andere Sprachvarianten haben auf dem Stiefel bis heute überlebt.

Ladinisch
vulgärlateinische Restsprache
30 000 Sprecher hauptsächlich in den abgelegenen Alpentälern Südtirols

Venetisch
westromanische Variante, in der frühen Neuzeit wichtige Handelssprache im Mittelmeerraum
5 Millionen Sprecher in Venetien, teils auch in Trentino und Istrien

Griko
Mix aus Altgriechisch, Byzantinisch-Griechisch und Italienisch
70 000 Sprecher in der Magna-Graecia-Region (Apulien und Kalabrien) und vereinzelt auf Sizilien

Ligurisch

gehört zum galloitalienischen Zweig Norditaliens und steht damit dem Französischen näher als dem Süditalienischen

500 000 Sprecher in Ligurien, aber auch in Monaco, an der Côte d’Azur und dank genuesischer Kaufleute auf Sardinien und Korsika

Furlanisch/Friaulisch

Vulgärlatein mit deutschen (Kärntner Dialekt), slowenischen und keltischen Einflüssen

600 000 Sprecher im italienischen Friaul und in Auswandererkolonien weltweit

Moliseslawisch

wurzelt vermutlich im Kroatischen, von dem es aber seit Jahrhunderten abgekoppelt ist

1 700 Sprecher in drei Ortschaften in der Provinz Campobasso (Region Molise) und in Auswanderergemeinden in Westaustralien und Argentinien

Sardisch

noch sehr Latein-dominiert, mit katalanischen und spanischen Einflüssen

etwa 80 % der sardischen Bevölkerung, also über 1 Million Sprecher

Sizilianisch

Italienisch mit Einflüssen der umliegenden Länder inklusive des arabischen Raums

5 Millionen Sprecher auf Sizilien, aber auch in Apulien, Kalabrien und Kampanien, plus ca. 10 Millionen Auswanderer in aller Welt

Zimbrisch

oberdeutscher (bayrischer) Dialekt mit vielen italienischen Lehnwörtern

drei Sprachinseln nördlich von Verona, um Schlege und in Trentino, Alltagssprache nur noch für etwa 1 000 Bewohner des Dorfes Lusern (Trentino)

Neapolitanisch

westromanische Sprache mit Einflüssen des Oskischen (der Sprache der Samniten) und des Griechischen

7 Millionen Sprecher in Kampanien, wo es viele ähnliche Dialekte gibt

DAS »ORIGINAL« STEHT IN

An der italienischen Renaissance- und Barockarchitektur orientierte sich ganz Europa. Herrscher holten sich italienische Baumeister an die Höfe, auch das wohlhabende Bürgertum ließ sich Stadtpalais und Villen im italienischen Stil errichten – und manchmal wurde einfach kopiert.

Die **Feldherrnhalle** in München (1844) ist eine Kopie der **Loggia dei Lanzi** in Florenz aus dem 14. Jahrhundert. Den Platz der Skulpturen antiker Götter nehmen hier allerdings bayerische Feldherren ein.

Ein Stück Toskana in London: **Queen's House** im Stadtteil Greenwich, einst königliches Schloss und heute Seefahrtsmuseum, ist das Pendant zum **Sommersitz der Medici in Poggio a Caiano.**

In Cambridge kann man seit 1831 das Flüsschen Cam auf einer **Seufzerbrücke** überschreiten, die sich nicht nur den Namen, sondern viele architektonische Details mit dem weltberühmten Vorbild in Venedig teilt.

Das auf dem amerikanischen 5-Cent-Stück abgebildete **Monticello** im US-Bundesstaat Virginia war Landsitz von Präsident Thomas Jefferson und wurde von ihm selbst entworfen – in enger Anlehnung an die **Villa La Rotonda** bei Vicenza, einen Bau des Andrea Palladio.

Der **Palazzo Pitti** in Florenz, Mitte des 15. Jahrhunderts von Filippo Brunelleschi für den Kaufmann Luca Pitti erbaut, fand im 19. Jahrhundert seine Nachahmung im **Königsbau** der Münchner Residenz.

Die Uffizien in Florenz von Giorgio Vasari hatte Gottfried Semper für Planung und Bau der **Dresdner Gemäldegalerie im Zwinger-Komplex** vor Augen.

Beim 1912 fertiggestellten **Tarassow-Haus** in Puschkin bei St. Petersburg standen gleich zwei Bauwerke Pate: der **Palazzo Thiene** in Vicenza und der **Dogenpalast** in Venedig.

ITALIEN

Als die würdevollen Herren des britischen **Reform Clubs** ein angemessenes Haus brauchten, ließen sie sich vom imposanten römischen **Palazzo Farnese** aus dem 16. Jahrhundert inspirieren. 1841 bezogen sie ihr Clubgebäude im Zentrum Londons. Hier übrigens beginnt und beendet Phileas Fogg seine »Reise in 80 Tagen um die Welt«.

Für die **Friedenskirche** am Rande des Parks von Sanssouci diente die **Basilika San Clemente** in Rom aus dem 12. Jahrhundert als Vorbild. Die Kirche erhielt auch noch eine echte italienische Zutat: Friedrich Wilhelm IV. ersteigerte ein Mosaik aus einer zum Abbruch bestimmten Kirche bei Venedig.

In Weimar steht mit der 1891 geweihten **Herz-Jesu-Kirche** eine verkleinerte Kopie des rund 500 Jahre zuvor erbauten **Doms von Florenz.**

Canalettos Venedig

Seit 1999 gibt es in Venedig eine Abschreckungskampagne gegen Millionen Tagestouristen, die wenig Geld, aber viel Unruhe in die Stadt bringen. Plakate zeigen die hässlichen Seiten der Lagunenstadt: tote Tauben, Ratten, Kanalmüll – von wegen Postkartenidylle!

Zum Glück gab es die Vedutenmaler rund um Canaletto: In ihren Bildern kann man Venedigs Sehenswürdigkeiten bestaunen, ohne auch nur einen Fuß in die Stadt zu setzen – und macht dabei noch eine veritable Reise um die Welt.

Canaletto
PIAZZA SAN MARCO VON OSTEN
1730, Öl auf Leinwand
Museum Thyssen-Bornemisza, Madrid

Bernardo Bellotti
DAS ARSENAL
1743, Öl auf Leinwand
National Gallery of Canada, Ottawa

Canaletto
RIALTOBRÜCKE MIT CANALE GRANDE VON SÜDEN HER
1737, Öl auf Leinwand
Galleria Nazionale d'Arte Antica, Rom

Vittore Carpaccio
JAGD IN DER LAGUNE
1490–95, Öl auf Leinwand
Getty Museum, Los Angeles

Francesco Guardi
DIE PIAZZETTA MIT DER BIBLIOTHEK
1770–75, Öl auf Leinwand
Gemäldegalerie der Akademie der bildenden Künste, Wien

Canaletto
EINGANG ZUM CANALE GRANDE UND SANTA MARIA DELLA SALUTE
1735, Öl auf Leinwand
Louvre, Paris

Canaletto
RIVA DEGLI SCHIAVONI NACH OSTEN
Vor 1727, Öl auf Karton
u. a. Staatliche Museen Preußischer Kulturbesitz Gemäldegalerie, Berlin

Michele Marieschi
DIE RIALTO-BRÜCKE VON DER RIVA DEL FERRO
1737, Öl auf Leinwand
Eremitage, St. Petersburg

Canaletto
DER DOGENPALAST
1725, Öl auf Leinwand
Columbus Museum of Art, Columbus/Ohio

Francesco Guardi
REGATTA AUF DEM CANALE GRANDE
1777, Öl auf Leinwand
Museo Calouste Gulbenkian, Lissabon

Neues Land: Die großen italienischen ENTDECKER

JOHANNES DE PLANO CARPINI
1245 sandte der Papst den Franziskaner aus Perugia zum Großkhan, um einen zweiten Mongolensturm auf Europa zu verhindern. Nach seiner 4800 Kilometer langen Reise – über Böhmen, Don, Ural und die Seidenstraße – lieferte er die erste umfassende Beschreibung von Kultur und Brauchtum der Mongolen.

LANCELOTTO MALOCELLO
Der angebliche Namensgeber von Lanzarote soll schon 1312 als erster Europäer dort gewesen sein, spätestens 1336 jedenfalls gelangte er mit einer Expedition von Lissabon aus zu den Kanarischen Inseln. Er lebte mindestens zwei Jahrzehnte dort.

ALVISE CADAMOSTO
Im Dienste Portugals entdeckte der venezianische Seefahrer 1456 unterwegs zum afrikanischen Fluss Gambia einige Kapverdische Inseln, darunter die Hauptinsel Santiago. Die ersten Inseln der Gruppe hatten schon im 14. Jahrhundert die genuesischen Brüder Vivaldi gefunden.

MARCO POLO
Mit gerade 17 brach der Venezianer 1271 mit seinem Vater und Onkel – beide Juwelenhändler – über den Orient gen China auf. Nach etlichen Jahren ging es über den Seeweg zurück, und er berichtete in der Alten Welt von Korea und Sibirien, Burma, Armenien und Tibet, sogar von Japan, obwohl er zumindest dort mit ziemlicher Sicherheit nie gewesen ist.

CHRISTOPH COLUMBUS
Für die spanische Krone auf der Suche nach einem westlichen Seeweg gen Indien, stieß der Genuese 1492 auf Land – das er Zeit seines Lebens tatsächlich für Indien hielt. Erst der wenige Jahre später dort eintreffende Amerigo Vespucci aus Florenz erkannte, dass es sich um einen neuen Kontinent handelt, und wurde damit zum Namensgeber.

ANTONIO PIGAFETTA
Was Magellan begann, brachte Pigafetta zu Ende: Nach dem Tod des Portugiesen wurde die Weltumsegelung fortgesetzt, und Pigafetta entdeckte 1522 die Insel Timor. Von den 200 Mann Besatzung auf fünf Schiffen kehrten nur 17 Abenteurer auf einem Schiff nach Sevilla zurück.

GIOVANNI BATTISTA BELZONI

Zig Leben in einem: Battista sollte Geistlicher werden, studierte aber Hydraulik und wurde wegen seiner Körpermaße als Kraftprotz „Samson aus Patagonien" zur Zirkusattraktion. Die Erfindung einer Bewässerungsmaschine führte ihn 1815 nach Ägypten, wo er in den Sog des Archäologie-Booms geriet. Er entdeckte den Tempel von Abu Simbel, die Anlagen von Karnak, zahlreiche Gräber im Tal der Könige uvm.

MATTEO RICCI

Der Jesuit begründete die neuzeitliche China-Mission: Über Indien kam er 1582 nach Macao, eignete sich Sprache und Brauchtum an, bis er 1601 endlich an den kaiserlichen Hof nach Peking gelangte. Er erarbeitete die erste Übersetzung des Chinesischen in eine europäische Sprache und die erste Weltkarte, die europäisches und chinesisches Geografie-Wissen vereinte.

GIOVANNI & SEBASTIANO CABOTO

Vater und Sohn suchten 1497 auf den Spuren von Columbus in englischen Diensten nach einem nördlicheren Seeweg gen China und landeten im Bereich von Neuengland – ihre Berichte über die „Wilden" dienten der Krone als Legitimation für die „Zivilisierung" der Neuen Welt.

UMBERTO NOBILE

Der General und Ingenieur erreichte in seinem halbstarren Luftschiff „Norge" gemeinsam mit Roald Amundsen am 12. Mail 1926 als Erster zweifelsfrei den Nordpol. Tragischerweise kam nur wenige Jahre später Amundsen bei dem Versuch ums Leben, den verunfallten Nobile aus dem Eis zu retten.

»Und sie bewegt sich doch!«

Giambattista della Porta befasste sich als Arzt und Universalgelehrter auch intensiv mit der Heilwirkung von Pflanzen aller Art – ein Thema, das nach damaligen Vorstellungen in den Bereich der Magie und Alchemie gehörte, wofür er sich 1577/78 vor der Inquisition verantworten musste. Obwohl er nicht verurteilt wurde, hatte er in den Folgejahren so unter der Kontrolle durch die Inquisition zu leiden, dass er sich von den Wissenschaften ab- und der Dichtung zuwandte.

Tommaso Campanella hatte schon mehrfach vor der Inquisition gestanden, als deren Agenten ihm 1592 zahlreiche Entwürfe für philosophische Schriften entwendeten. Als er sich 1599 in eine Klosterrevolte verwickeln ließ, hatten sie ihn endgültig am Haken: Nur sein miserabler geistiger Zustand bewahrte ihn trotz scharfer Häresievorwürfe vor dem Scheiterhaufen. Stattdessen saß er 27 Jahre in Haft, während der er sich aber erholte und noch zahlreiche Schriften verfasste, darunter »Der Sonnenstaat«.

Fünf große

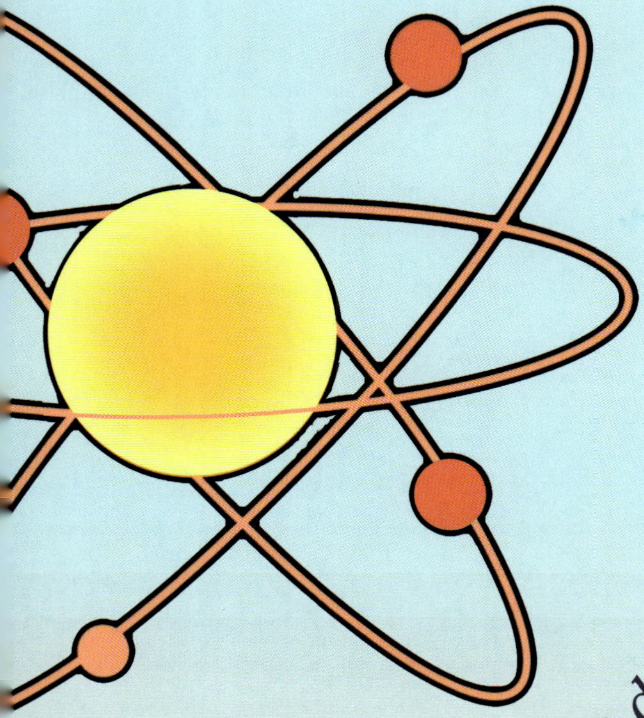

Geister in den Fängen der Inquisition

Giordano Bruno, Philosoph und Astronom, wurde nicht nur Ketzerei vorgeworfen, sondern auch Zauberei, weil er über ein unglaubliches Gedächtnis verfügte. Er war immer wieder angeeckt, weil er die Gottessohnschaft Jesu leugnete und auch mal Schriften der Kirchenväter in die Latrine warf. Als Astronom vertrat er die Unendlichkeit und ewige Dauer des Universums, was Jenseits, Schöpfung und Jüngstes Gericht ausschließt. Nach sieben Jahren Kerkerhaft in der Engelsburg in Rom wurde er exkommuniziert und der weltlichen Gerichtsbarkeit überstellt – die ihn gegen die Empfehlung der Inquisition 1600 zum Scheiterhaufen verurteilte.

Galileo Galilei genoss eigentlich die Protektion von Papst Urban VIII., überspannte den Bogen aber mit seinem »Dialogo« zweier Weltsysteme zugunsten des heliozentrischen Weltbildes. 1633 entkam er zwar durch Abschwören dem Scheiterhaufen, wurde aber für den Rest seines Lebens unter Hausarrest gestellt und durfte weder lehren noch publizieren. Erst 1992 rehabilitierte ihn die katholische Kirche.

Lucilio Vanini stand am Übergang zur pantheistischen Naturphilosophie der Aufklärung und scheute sich nicht vor kirchenfeindlichen öffentlichen Vorträgen. 1619 wurde er als Ketzer und Gotteslästerer verurteilt. Sein Fall wurde wegen des besonders grausamen Vorgehens berühmt: Man riss dem gerade 33-Jährigen mit einer Zange die Zunge heraus und verbrannte ihn dann auf dem Scheiterhaufen.

SAGENHAFT

FÜNF STADT-GRÜNDUNGS-MYTHEN

ROM

753 – Rom kroch aus dem Ei. Diesen Spruch kennt jeder. Den bekanntesten Gründungsmythos auch: Die ausgesetzten Zwillinge Romulus und Remus, Söhne des Kriegsgottes Mars, werden am Fuße des Hügels Palatin angeschwemmt und von einer Wölfin gesäugt. Als Erwachsene gründen sie eine Stadt und lassen die Adler am Himmel entscheiden, wer sie regieren soll – Romulus gewinnt und tötet schließlich seinen Bruder, als dieser sich über die gerade errichtete Stadtmauer lustig macht. Eine andere Legende besagt, dass Aeneas, der Held des Trojanischen Krieges, nach langen Irrfahrten zum Tiber gelangte, wo seine Nachfahren schließlich die Stadt gründeten.

TARENT

In einem schweren Sturm wird Taras, Sohn des Meeresgottes Neptun und einer Nymphe, auf wundersame Weise von einem Delphin gerettet und an die Mündung eines Flusses, der heute seinen Namen trägt, gebracht. Er gründet daraufhin genau dort eine Stadt, angeblich noch 1200 Jahre vor Rom.

CROTONE

Laut Ovids »Metamorphosen« erschien Myskelos aus Argos der Gott Herakles im Traum und befahl ihm, seine Heimat zu verlassen, um ins ferne Aisar am Ionischen Meer zu reisen. Obwohl auf die Verletzung der Ortsgebundenheit damals die Todesstrafe stand, brach er auf. Er wurde verhaftet, ein Steingericht (schwarz für schuldig, weiß für unschuldig) sollte über sein Schicksal entscheiden. Wie durch ein Wunder waren beim Leeren der Urne alle Steine weiß, also verließ Myskelos seine Heimat und gründete unweit des Hügels, unter dem der Held Croton begraben lag, eine Stadt, die er nach dem Bestatteten benannte.

REGGIO CALABRIA

»Wo der Apsia, der heiligste der Flüsse, sich in das Meer wirft, wirst du eine Frau mit einem Mann finden; dort gründe eine Stadt, denn Apoll gibt dir das Land Ausonia«, so sprach das Orakel von Delphi zu einer Gruppe Chalzidier, die sich daraufhin auf den Weg machten und dort, wo ein Weinstock und ein Wildfeigenbaum ineinanderwuchsen, die Stadt Reggio gründeten. Einem anderen Mythos zufolge erbaute Orest hier einen Apollo-Tempel, da er sich in den sieben unabhängigen Flüssen vom Muttermord reinwaschen konnte.

NEAPEL

Parthenope, die Mutterstadt Neapels, ist nach einer der drei Sirenen benannt, die Odysseus ins Verderben stürzen wollten. Da sie erfolglos blieben, warfen sich die Sirenen ins Meer und wurden gegenüber des Vesuvs, auf der Halbinsel Megaris angespült, wo heute das Castell dell'Ovo steht. Spätestens gegen 700 v. Chr. besiedelten Griechen den Ort.

Die explosiven Drei

Ätna

Der Ätna ist der höchste Vulkan Europas. Er ragt mit 3 323 Metern auf der Insel Sizilien über den Meeresspiegel und überschüttet die Stadt Catania regelmäßig mit Asche. Obwohl der Vulkan ständig aktiv ist und über die Jahrhunderte immer wieder – für die Bevölkerung weitestgehend ungefährliche – Lavaströme freigibt, wird er in Italien als »Vulcano buono«, der gutmütige Vulkan, bezeichnet. Der letzte wirklich folgenschwere Ausbruch ereignete sich 1669, dabei starben etwa 20 000 Menschen.

Stromboli

Der Stromboli gilt als aktivster Vulkan Europas. In unregelmäßigen Abständen kommt es immer wieder zu größeren und kleineren Eruptionen aus mehreren Krateröffnungen. Da das ausgeworfene Material aber meist in den Krater zurückfällt oder ins Meer rollt, stellt der Stromboli keine große Gefahr dar. Auf der Insel Stromboli, die zu den Liparischen Inseln im westlichen Mittelmeer gehört, leben nur etwa 800 Menschen. Zu den Touristenattraktionen gehört der nächtliche Aufstieg zum Krater, wo man die glühende Lava sehen kann.

Vesuv

Die Region um Neapel ist das gefährlichste Vulkangebiet der Welt. Die rund 4 Millionen Menschen, die hier leben, sitzen quasi auf einem riesigen Pulverfass. Die größte Bedrohung geht dabei von den Phlegräischen Feldern aus, die direkt unterhalb der Stadt beginnen und sich über 150 Quadratkilometer erstrecken – eine riesige Glutblase liegt unter den Feldern, die in zehn Kilometern Tiefe eine gemeinsame Magmakammer mit dem Vesuv besitzen.

Beim Ausbruch des Vulkans im Jahr 79 wurden die Städte Pompeji, Herculaneum, Stabiae und Oplontis vollständig verschüttet, eine Eruption im Jahr 1631 forderte rund 4 000 Todesopfer, bei einem Ausbruch 1906 verlor der Berg seine Kegelspitze und büßte rund 200 Meter an Höhe ein. Beim bislang letzten Ausbruch im Jahr 1944 wurden die Städtchen Massa di Somma und San Sebastiano nahezu vollständig unter Lavamassen begraben; die rechtzeitige Evakuierung von 12 000 Menschen verhinderte Schlimmstes. Geologen sind überzeugt, dass ein Ausbruch jederzeit möglich ist und kein genauer Zeitpunkt vorausgesagt werden kann.

Wo jede Oper zum

Weltberühmt ist das **TEATRO ALLA SCALA**, die **MAILÄNDER SCALA**. In dem prächtigen Haus, 1778 mit einer Salieri-Oper eröffnet, gab es legendäre Uraufführungen wie »Norma« von Bellini, »Lucrezia Borgia« von Donizetti, »Nabucco« und »Falstaff« von Verdi, »Madama Butterfly« und »Turandot« von Puccini. Nach der Zerstörung im 2. Weltkrieg wiederaufgebaut, verfügt es über modernste Bühnentechnik, während Foyer und Zuschauerraum mit 2200 Plätzen in altem Glanz erstrahlen.

22 000 Opernfreunde finden in der **ARENA DI VERONA** Platz, einem Amphitheater aus römischer Zeit. In den Sommermonaten werden Opern und Rockkonzerte gegeben, und so gewagt sich diese Kombination für Opernpuristen anhören mag, so unkonventionell ist das Publikum, das sommerlich bekleidet und mit Picknickkörben, Libretti und Taschenlampen versehen die Abende genießt.

Das älteste, seit 1737 fast durchgängig bespielte Opernhaus Europas steht in Neapel. Das **TEATRO DI SAN CARLO** hat die große Zeit der neapolitanischen Oper miterlebt, seine Geschichte ist mit Komponisten wie Alessandro Scarlatti, Nicola Porporadas, Francesco Mancini , Gaetano Donizetti verbunden. Große Tenöre wie Franco Corelli, Galliano Masini, Mario del Monaco und Enrico Caruso gehörten zu den Künstlern dieses Hauses.

Das **TEATRO LA FENICE** ist das bekannteste Konzerthaus Venedigs. Weil 1773 der Vorgängerbau durch ein Feuer zerstört wurde, nannte man das neuerbaute Haus La Fenice (Phönix). Es wurde binnen kurzer Zeit in ganz Europa bekannt und zog namhafte Komponisten wie Britten, Prokofjew und Strawinsky an. 1996 mutwillig in Brand gesteckt, wurde es durch den Architekten Aldo Rossi detailgetreu restauriert. Heute ist es wieder Aufführungsort klassischer Opern, und während der Musik-Biennale hallt auch zeitgenössische Musik durch die historischen Gemäuer.

Erlebnis wird

10 OPERNHÄUSER UND -ARENEN

Mit dem **TEATRO DELL'OPERA DI ROMA** verfügt die ewige Stadt über ein traditionsreiches Opernhaus. Das von Achille Sfondrini mit 2 200 Plätzen erbaute Haus wurde 1880 mit der Rossini-Oper »Semiramide« eröffnet und erlebte Uraufführungen wie Mascagnis »Cavalleria rusticana« oder Puccinis »Tosca«.

In Bologna heißt die Oper schlicht **TEATRO COMUNALE** und ist besonders schön. Es wurde als Logentheater in Hufeisenform 1763 errichtet und mit einer Oper von Gluck eingeweiht. Viele Wagneropern erlebten hier ihre italienische Uraufführung. Die Opernsaison in Bologna wird bis heute abwechselnd mit einer Wagner- und einer Verdioper eröffnet.

Das **TEATRO REGIO DI PARMA** bringt seit 1829 die großen italienischen Komponisten zur Aufführung und pflegt besonders das Werk Guiseppe Verdis. Hier findet jährlich das »Festival Verdi« statt. Das Regio mit seinem sachverständigen Publikum verfügt über eine spezifische Art von Claqueuren: 27 Herren, die Namen aus den 27 Verdi-Opern von Nabucco bis Falstaff tragen, begutachten von ihrer Loge jede neue Inszenierung.

DAS TEATRO MASSIMO in Palermo ist mit 3200 Plätzen Italiens größtes und Europas drittgrößtes Opernhaus. Die prächtige Fassade ist mit sechs korinthischen Säulen versehen, eine große Freitreppe führt hinein, der Opernsaal ist von einer großen Kuppel überspannt. Das Haus war Schauplatz der Schlussszenen in Coppolas Film »Der Pate« – gespielt wurde dabei die Oper »Cavalleria rusticana«.

In Macerata in den Marken gibt es mit der **ARENA SFERISTERIO** eine Opernfreilichtbühne, deren Akustik von Opernenthusiasten und -sängern gleichermaßen geschätzt wird. Dabei wurde das Bauwerk ursprünglich als Sportstätte errichtet. Seit 1967 findet jedes Jahr im Sommer das »Macerata Opera Festival« statt.

Seit 1740 hat Turin eine Oper, heute mit dem Namen **TEATRO REGIO DI TORINO.** Unter napoleonischer Besatzung hieß sie Teatro Nazionale und nach Abzug der Franzosen Teatro Imperiale. Unter der Leitung von Toscanini erlebte das Haus Ende des 19. Jahrhunderts eine Blütezeit. Durch ein Feuer vernichtet, vergingen fast 40 Jahre bis zum Wiederaufbau. Zur Eröffnung 1973 trat Maria Callas auf.

Geschichten aus

ALESSANDRO MANZONI

»DIE VERLOBTEN« (1827)

Im Herzogtum Mailand, das von Spanien beherrscht wird, leben Lucia und Renzo. Sie sind einander versprochen, aber der Feudalherr Don Rodrigo begehrt die Schöne. Beide fliehen, und erst nach vielen Schicksalsschlägen und der großen Pest von 1630 gibt es ein Happy-End. Manzonis plastische und figurenreiche Erzählweise machte diese Geschichte zum meistgelesenen Buch der italienischen Literatur des 19. Jahrhunderts.

CARLO COLLODI

»DIE ABENTEUER DES PINOCCHIO« (1883)

Unter den geschickten Händen des Schnitzers Geppetto verwandelt sich ein Holzscheit in eine sprechende Holzpuppe. Es ist noch ein langer Weg, ehe der zum Lügen neigende, abenteuerlustige Pinocchio zu einem zivilisierten Menschenkind reift. Die Herzen kleiner und großer Leser eroberte der freche Kerl im Fluge und machte den Ort Collodi in der Toskana, nach dem sich der Autor Carlo Lorenzini nannte, berühmt.

ITALO SVEVO »ZENO COSINI« (1923)

In Triest, der Heimatstadt des Romanciers, spielt sich am Vorabend des 1. Weltkriegs das müßiggängerische Hypochonder-Leben des Zeno Cosini ab, der von einer seelischen Katastrophe in die nächste gleitet. Mit der abgründig und ironisch erzählten Geschichte wurde der erste moderne Anti-Held der italienischen Literatur geboren.

PIER PAOLO PASOLINI

»RAGAZZI DI VITA« (1955)

Das Romandebüt des Regisseurs rief bigotte Kritiker aus Kirche und Politik auf den Plan. Pasolini erzählt vom Leben der Geächteten in den Elendsquartieren der römischen Vorstädte, wo die kleinkriminellen Jugendlichen um Ricetto ein raues, illusionsloses, dennoch vitales Leben führen.

Italien

10 BESTSELLER

GIOVANNINO GUARESCHI

»DON CAMILLO UND PEPPONE« (1948)

Streitlustig wie ein altes Ehepaar führen sich die einstigen Partisanen Don Camillo und Peppone auf, schlitzohriger Priester der eine und kommunistischer Bürgermeister der andere im fiktiven Dorf Boscaccio in der Po-Ebene. In acht Büchern und sechs Filmen verfolgte die ganze Welt ihre Kabbeleien, in denen sich die nationalen Befindlichkeiten im Nachkriegsitalien spiegelten.

GIUSEPPE TOMASI DI LAMPEDUSA

»DER LEOPARD« (1958)

1954 schrieb Tomasi, der aus altem sizilianischen Adel stammte, seinen einzigen Roman. Ein Verleger für das Buch fand sich erst nach seinem Tod. Die Geschichte des Don Fabrizio, Fürst von Salina, der die Befreiung Siziliens von der bourbonischen Fremdherrschaft durch Garibaldi erlebt und wehmütig erkennt, dass seine eigene Klasse dem Untergang geweiht ist, wurde ein Welterfolg – und bot eine Paraderolle für Burt Lancaster als Don Fabrizio in Viscontis Verfilmung.

ITALO CALVINO »WENN EIN REISENDER IN EINER WINTERNACHT« (1979)

Der Roman ist ein einziges Verwirrspiel: Die gerade begonnene Geschichte bricht ab, eine neue fängt an, die wieder abrupt endet … Zehn Romane beginnt Calvino in seinem Roman, der nur einen Helden hat: den Leser. Der wird durch die fantastische Welt der Literatur geschickt, bis sich Schein und Sein verkehren. Dass der Autor ihm schließlich eine Leserin an die Seite gibt, könnte zumindest das Ende einer der Geschichten verheißen.

UMBERTO ECO

»DER NAME DER ROSE« (1980)

Der Franziskanermönch William von Baskerville kommt im Jahr 1327 in ein norditalienisches Benediktinerkloster, wo der gewaltsame Tod eines Bruders für Unruhe sorgt. Wie ein Sherlock Holmes macht sich William an die Aufklärung des Todesfalls, der nicht der einzige Mord bleibt. Der spannende Historienthriller entfachte weltweit eine Mittelalter-Begeisterung und ein überwältigendes Interesse an der italienischen Literatur.

SUSANNA TAMARO

»GEH, WOHIN DEIN HERZ DICH TRÄGT« (1994)

Im Angesichts des Todes schreibt die 80-jährige Olga ein Brief-Tagebuch für ihre Enkelin, der sie ihre ganze Liebe schenkt. Marta ist den Zwängen des italienischen Familienclans nach Amerika entflohen. Die Großmutter erzählt ihr so schöne wie schmerzliche Familienepisoden und spricht über Gefühlskonflikte, gesellschaftliche Normen und Glück. Und sie ermutigt die Enkelin, ihren eigenen Weg zu gehen. Das Buch wurde ein Weltbestseller.

LUCA DI FULVIO

»DER JUNGE, DER TRÄUME SCHENKTE« (2008)

Natale und seine Mutter erhoffen sich ein besseres Leben in Amerika und kehren dem armen italienischen Süden den Rücken. Doch auf der Lower East Side von New York erwartet sie auch nur Elend. Und es gelten die gnadenlosen Gesetze der Gangs. Natale ist robust und intelligent genug, um als Held der alten, aber immer wieder wundersamen Geschichte vom Ghettojungen, der sich nach oben arbeitet, zu bestehen.

20 REKORDE AUS

DAS ERSTE KAFFEEHAUS EUROPAS
… eröffnete 1647 in Venedig

DAS GRÖSSTE FREITRAGENDE ZIEGELBAUWERK DER WELT
… ist der 1626 geweihte Petersdom in Rom

DAS WELTWEIT ERSTE GEOTHERMISCHE KRAFTWERK
… wurde 1904 in Larderello in Betrieb genommen

DIE MEISTEN WELTKULTURERBESTÄTTEN
… hat mit 46 Titelträgern Italien

DIE GRÖSSTE SONNENUHR DER WELT
… ist die »Sextener Sonnenuhr«, die von Bergspitzen im Fischleintal in Südtirol gebildet wird

DAS ERSTE EISMUSEUM DER WELT
… eröffnete 2012 in Anzola dell'Emilia

DER WELTWEIT GRÖSSTE WEIHNACHTSBAUM
… misst 800 m in der Höhe und 400 m in der Breite und erstrahlt alljährlich als Lichtinstallation auf einem Berghang im umbrischen Ort Gubbio

DER GRÖSSTE (GESCHLOSSENE) BAU DER ANTIKE
… ist das 72 bis 80 n. Chr. errichtete Kolosseum in Rom

DIE LÄNGSTE SHOPPINGMEILE DER WELT
… verläuft über 13 Kilometer von Lido di Jesolo nach Venedig

DAS ERSTE KLONPFERD DER WELT
… war das 2003 in Italien geborene Fohlen Prometea

ITALIEN

DAS LÄNGSTE HOCHHAUS EUROPAS
… ist mit einem Kilometer das »Nuovo Corviale« in Rom mit geschätzten 8000 Bewohnern

DAS GRÖSSTE STAHLWERK EUROPAS
… steht in Tarent

DIE WELTWEIT ÄLTESTE UNIVERSITÄT
… ist die 1088 gegründete Universität von Bologna

DER ÄLTESTE KASTANIENBAUM DER WELT
… ist der »Kastanienbaum der hundert Pferde« am Osthang des Ätna, Forscher schätzen ihn auf 2000 bis 4000 Jahre

DIE ÄLTESTE (NOCH AKTIVE) BANK DER WELT
… ist die 1472 gegründete Banca Monte dei Paschi in Siena

DAS TEUERSTE AUTO DER WELT IN SERIENPRODUKTION
… ist der im März 2013 vorgestellte Lamborghini Veneno für 3,57 Millionen Euro

DIE MEISTEN MUMIEN IN EUROPA
… gibt es mit rund 2000 in der Gruft des Kapuzinerklosters von Palermo

DAS KLEINSTE RESTAURANT DER WELT
… heißt »Solo per due«, steht in Valcone und bietet zwei Gästen Platz

DIE MEISTEN OSCARS FÜR AUSLÄNDISCHE FILME
… holte Italien mit zehn Auszeichnungen

DIE ÄLTESTE FAMILIE DER WELT
… lebt laut Medienberichten auf Sardinien. Die neun Brüder und Schwestern bringen es zusammen auf 818 Jahre

Established in 1733

ITALIENISCHE FREIMAURER

Vom Papst bekämpft und stark zersplittert, hatten die italienischen Freimaurer seit jeher einen schweren Stand. 1981 kam es zum Skandal, als die Loge *Propaganda Due* aufflog: Hunderte hohe Funktionäre aus Politik, Wirtschaft, Polizei, Militär und Geheimdienst stolperten über das Netzwerk, das sie an die Macht geführt hatte. *Aber warum eigentlich Skandal?* Die Liste der Mitglieder liest sich seit jeher wie ein *Who is who der italienischen Geschichte.*

GIACOMO CASANOVA
Schriftsteller und Abenteurer

GIOSUÈ CARDUCCI
Literaturnobel-preisträger

SILVIO BERLUSCONI
Politiker und Medienmogul

ALESSANDRO CAGLIOSTRO
Alchemist, Abenteurer und Hochstapler

ROBERTO CALVI
Wirtschaftskrimineller mit enger Verbindung zur Vatikanbank; als »Bankier Gottes« bekannt

CARLO COLLODI
Autor von »Die Abenteuer des Pinocchio«

CAMILLO BENSO VON CAVOUR
Urheber der italienischen Verfassung

GIUSEPPE GARIBALDI
Held der italienischen Nationalbewegung

ENRICO FERMI
Kernphysiker und Physiknobelpreisträger

VIKTOR EMANUEL VON SAVOYEN
Letzter italienischer Kronprinz

Kino-Königinnen

Was sie mit ihren Filmpartnern verband

Sophia Loren
heiratet Cary Grant (»Hausboot«), bestiehlt Marcello Mastroianni (»Wie herrlich, eine Frau zu sein«), verliebt sich in John Wayne (»Die Stadt der Verlorenen«), verführt Marlon Brando (»Die Gräfin von Hongkong«), verzeiht Charlton Heston (»El Cid«)

Gina Lollobrigida
rettet Gérard Philipe das Leben (»Fanfan, der Husar«), hilft Anthony Quinn (»Der Glöckner von Notre Dame«), erlebt ein Wunder mit Yul Brynner (»Salomon und die Königin von Saba«), ist Humphrey Bogart treu (»Schach dem Teufel«), liebt Rock Hudson (»Fremde Bettgesellen«)

Giulietta Masina
ist Anthony Quinn ergeben (»La Strada«), fällt auf François Périer herein (»Die Nächte der Cabiria«), wird Broderick Crawford zum Verhängnis (»Die Schwindler«), himmelt Gert Fröbe an (»Das kunstseidene Mädchen«), tanzt ein letztes Mal mit Marcello Mastroianni (»Ginger und Fred«)

Anna Magnani
verlobt sich mit Francesco Grandjacquet (»Rom, offene Stadt«), kommandiert Burt Lancaster (»Die tätowierte Rose«), wird von Marlon Brando geliebt (»Der Mann in der Schlangenhaut«), widersetzt sich Franco Citti (»Mamma Roma«), gibt Anthony Quinn eine Chance (»Wild ist der Wind«)

Monica Vitti
bringt Gabriele Ferzetti zum Weinen (»Die mit der Liebe spielen«), hintergeht Marcello Mastroianni (»Eifersucht auf italienisch«), verwirrt Jean-Claude Brialy (»Das Gespenst der Freiheit«), verfolgt Carlo Giuffré (»Mit Pistolen fängt man keine Männer«)

Claudia Cardinale
verlobt sich mit Alain Delon (»Der Leopard«), stirbt für Jean-Paul Belmondo (»Cartouche, der Bandit«), nimmt einen Antrag von Tony Curtis an (»Die nackten Tatsachen«), betrinkt sich mit David Niven (»Der rosarote Panther«), verführt Henry Fonda (»Spiel mir das Lied vom Tod«)

Monica Bellucci
ist die Braut von Gary Oldman (»Bram Stoker's Dracula«), lässt sich von Giuseppe Sulfaro anhimmeln (»Der Zauber von Malèna«), hält zu James Caviezel (»Die Passion Christi«), wird von Alan Arkin verlassen (»Pippa Lee«) und findet nach 1000 Jahren zu Nicolas Cage (»Duell der Magier«)

Ornella Muti
bringt Gérard Depardieu zur Verzweiflung (»Die letzte Frau«), macht Jeremy Irons eifersüchtig (»Eine Liebe von Swann«), heiratet Rupert Everett (»Chronik eines angekündigten Todes«), erobert Adriano Celentano (»Der gezähmte Widerspenstige«)

Isabella Rossellini
betrügt Christian Klavier (»Napoleon«), weist Richard Bohringer ab (»Der kleine Tod der feinen Damen«), leidet wegen Anthony Hopkins (»… und der Himmel steht still«), wird von Jeff Bridges verlassen (»Fearless. Jenseits der Angst«)

Gute Nachrichten!

»Basta buste«
heißt es seit 2012 in italienischen Supermärkten: Schluss mit der Plastiktüte! Damit bleiben der Müllentsorgung in Zukunft 200 000 Tonnen umweltschädliches Plastik jährlich erspart.

Seit 2010 gibt es die Zeitung »L'Ottimista« mit einer Auflage von bis zu 10 000 Exemplaren, die **nichts als gute Nachrichten** aus aller Welt bringt.

Recht so!

Italiens Strände werden immer schöner:

Fast 250 Blaue Flaggen verteilte die europäische Umweltstiftung 2013 für besondere Sauberkeit und Wasserqualität, die meisten an die »italienische Riviera« in Ligurien.

7 x Positives in Zeiten der Krise

Im Zoo von Florenz wurde im Frühsommer 2013 eine echte Rarität geboren:

Ippo, halb Zebra und halb Esel.

Dabei teilten seine Eltern nicht mal einen Stall, doch der Zebra-Papa überkletterte einen Zaun, um zur Eseldame zu gelangen.

Schon seit 1990 gibt es in Italien

keine aktiven Kernkraftwerke mehr.

Berlusconi wollte neue bauen lassen – doch in einem Volksentscheid stimmten 94 % der Bevölkerung gegen ihn.

Um den historischen Kern von Rom

zu schützen und attraktiver zu machen,

hat die Stadtverwaltung im August 2013 begonnen, den privaten Kraftverkehr aus den Straßen zwischen Colosseum und Forum Romanum zu verbannen.

Mit Google Street View durch Venedig – das war bisher unmöglich, weil die Kameraautos in der Lagunenstadt unbrauchbar sind. Doch nun schickt der Internetgigant Fußgänger los –

ab Ende 2013 kann man ihren Pfaden online folgen.

EINE LEICHE ZUM ESPRESSO

Kommissare, Detektive, Anwälte

Der Charmante aus Venedig: In bislang 22 Fällen hat Donna Leon Commissario Brunetti auf Ermittlung geschickt und weltweit bekannt gemacht. Nur in Italien nicht. Auf ihren Wunsch werden ihre Bücher dort nicht veröffentlicht. Sie ist keine gebürtige Italienerin und will sich nicht in politische Belange einmischen. Der vielleicht bekannteste Polizist Italiens ist von unbeirrbarem Gerechtigkeitssinn und macht auch vor Palazzotüren nicht halt. Er kennt Venedig wie seine Westentasche, führt den Leser über Ponti und Piazze durch die Stadt, lädt zum Espresso auf dem Markusplatz ein oder zeigt bei Pasta und Wein auf der Dachterrasse seines Hauses am Campo San Polo, wie ein Polizist den Feierabend genießt.

Der Melancholische aus Triest: Commissario Laurenti ist nicht mit original italienischem Weihwasser getauft, allerdings lebt sein Schöpfer, der deutsche Autor Veit Heinichen, in Triest. In der berühmt-berüchtigten Hafenstadt sieht sich Laurenti nicht nur mit organisierten Verbrecherbanden, Menschenhändlern, Schmugglern und Attentätern konfrontiert, sondern auch noch mit den Problemen, die seine pubertierenden Kinder ihm bereiten.

Ein sympathischer Typ aus Sizilien: Andrea Camilleri hat mit dem leicht cholerischen Montalbano einen zuverlässigen Commissario in der sizilianischen Stadt Vigàta eingesetzt. Vigàta sucht man vergebens auf der Landkarte, aber findige Krimileser haben längst rausbekommen, dass Porto Empedocle das Vorbild ist, und noch findigere Stadtväter haben »Vigàta« aufs Ortsschild dazugeschrieben. Ob Vetternwirtschaft oder Mord in der besseren Gesellschaft, Montalbano durchschaut, was läuft, und überführt die Täter mit List. Blutige Fälle mag er nicht, weswegen er sich schon einmal bei seinem Autor Camilleri beschwerte.

Ein Mann mit Ecken und Kanten aus Florenz: Eigentlich ist Maresciallo Guarnaccia ein bodenständiger Typ, ein Mann aus dem Volk, doch der Hauch Melancholie, der die geschichtsträchtige und kunstsinnige Stadt durchweht, streift auch den Polizisten. Weil dunkle Mächte aber auch in der sonnigen Toskana ihr Unwesen treiben, wechselt mit den Schauplätzen die Stimmungslage. Die in Italien lebende Engländerin Magdalen Nabb machte Guarnaccia in bisher 14 Büchern zum unkonventionellen Serienhelden.

Der smarte Rechtsanwalt aus Apulien: Guido Guerrieri ist ein als Strafverteidiger tätiger Rechtsanwalt und Serienheld in den Kriminalromanen von Gianrico Carofiglio, der in seiner Heimatstadt Bari selbst lange Jahre als Staatsanwalt gegen die Mafia ermittelt hat. In den schummrigen Gassen der Stadt und den noblen Bürgerhäusern lauert das Verbrechern. Guerrieri mausert sich vom Winkeladvokaten zum Kämpfer für die Gerechtigkeit und treibt in spannungsvollen Gerichtsszenen die Täter in die Enge.

Die Kommissarin aus Genua: Nelly Ross – rote Locken, Sommersprossen und stattliche Figur – hat einen harten Arbeitstag in der Polizeistation von Genua und als alleinstehende Mutter eines achtzehnjährigen Sohnes genug Probleme. Dass sie auf ihrem eigenen Kopf beharrt, macht sie erfolgreich, egal ob sie in der Drogenszene oder einem Serienmord ermittelt. Krimi-Autorin Rosa Cerrato lebt wie ihre eigenwillige Kommissarin in Genua.

Die Turiner Zufallsdetektivin: Margherita Oggero ist eine pensionierte Lehrerin aus Turin. In ihrem ersten Kriminalroman »Schön, blond, reich und tot« wird ihre Berufsgenossin Camilla Baudino zur Detektivin, als an der Schule ein Mord geschieht. Mit Geist, Witz und Charme schaffte es die Zufallsdetektivin mehrmals bis an die Spitze der italienischen Bestsellerliste.

Commissario De Luca, Ispettore Coliandro, Ispettore Grazie Negra – ermitteln in Bologna: Mit wechselnden Serienhelden zählt Carlo Lucarelli zu den schillerndsten italienischen Krimiautoren. Sein erster Charakter, Comissario De Luca, ermittelt während Faschismus und Nachkriegszeit und schlägt sich mit korrupten Vorgesetzten und der doppelbödigen Zeitmoral rum. Einen komischen Macho gibt Coliandro ab, der seine Fälle löst, aber nie Karriere macht. Ispettore Grazia Negro schlägt sich als Frau tapfer in einer Männerdomäne und überführt mit Bravour psychopathische Mörder.

Sechs sündige

STEPHAN II.

(gest. 757) sicherte die Herrschaft der Kirche über Rom mit einem plumpen Bauerntrick: Er ließ eine entsprechende Konstantinische Urkunde fälschen, 400 Jahre rückdatieren und legte sie dem Frankenkönig Pippin vor. Der Analphabet zeigte sich von dem Dokument schwer beeindruckt und gewährte den gewünschten Schutz.

SERGIUS III.

wird nicht nur der Mord an seinen beiden Amtsvorgängern nachgesagt, Historiker haben für sein Pontifikat (904–911) sogar eine eigene Vokabel eingeführt: die »Pornokratie«, denn eigentlich hatten seine Mätresse Theodora und deren Tochter Marozia (mit der Sergius den späteren Johannes XI. zeugte) die Zügel in der Hand.

JOHANNES XII.

war berüchtigt dafür, Pilgerinnen im Petersdom zu vergewaltigen, und ließ auch sonst kein Laster aus. Er kam 964, vermutlich in flagranti ertappt, durch einen Hammerschlag des eifersüchtigen Ehemannes einer römischen Aristokratin ums Leben.

Päpste

BONIFATIUS VII.

war einmal Papst und einmal Gegenpapst, und immer durch Mord an seinem Vorgänger: 974 fiel ihm Benedikt VI. zum Opfer, 984 Johannes XIV. Doch der Despot unterschätzte die römische Bevölkerung: 985 wurde er selbst von einer aufgebrachten Menge erschlagen.

Dass
URBAN VI.

als Papst keine besonders gute Wahl war, ahnten die Kardinäle schon kurz nach seiner Berufung 1378. Das hätten sie allerdings lieber für sich behalten sollen, denn Urban ließ sie gnadenlos foltern. Nachdem er dem Wahnsinn verfallen war, ließ er Kritiker an seinem Geisteszustand in einer Zisterne versenken, wo sie fast verhungerten. Angeblich führte er auch fünf ermordete Kardinäle getrocknet und gesalzen in Koffern mit sich.

Der Borgia-Papst
ALEXANDER VI.

bediente sich besonders gern des Giftmords zur Unterstützung seiner skrupellosen Machtpolitik, mit der es gelang, alle großen Familien Roms gefügig zu machen. Dafür musste auch seine Tochter Lucrezia herhalten, die er drei Mal gewinnbringend verheiratete. Sein Sohn Cesare, den Alexander zum Kardinal machte, zog eine besonders blutige Spur durch Rom.

Kultverdächtig!

Casu Marzu ist ein traditioneller sardischer Käse, der durch die Lust am Ekel im heutigen Fernsehen zu einiger Bekanntheit gelangte, denn die Larven der Käsefliege sind essenzieller Bestandteil der Herstellung und werden lebend mitgegessen. Guten Appetit!

Nonna Annarella (zu Deutsch: Oma Ännchen) ist ein Youtube-Star: Sie steht Tag für Tag vor dem italienischen Parlament und bläst jedem Abgeordneten, der ihr in die Finger gerät, in typisch römischer Schnoddrigkeit ordentlich den Marsch.

Seit 1964 gibt es ihn, aber immer nur in kleiner Stückzahl für ausgesuchte Kunden und Freunde des Unternehmens: Der ***Pirelli-Kalender*** ist zum Inbegriff der erotischen Hochglanz-Fotografie geworden.

Die etwas anderen Exportschlager

Fußballer Mario Balotelli wollte sich eigentlich als Vorkämpfer gegen Rassismus einen Namen machen, doch berühmt-berüchtigt wurde er für seine ***martialische Triumphgeste*** bei der EM 2012. Unzählige Fotomontagen verbreiteten sich in Windeseile im WWW.

Lucchetti dell'amore findet man in Italien fast in jeder Stadt: ***Schlösser, die Paare an Brücken hängen,*** um symbolisch ihre ewige Liebe zu besiegeln. Dieser Brauch ist mittlerweile ein Exportschlager und hat z. B. die Kölner Hohenzollernbrücke erobert.

Herr Rossi ist ein Klassiker des italienischen Zeichentrickfilms. Der Industriearbeiter mit Hut und Schnauzer kämpfte in den 60er und 70er Jahren gegen den harten Alltag und wurde zum Sinnbild des kleinen italienischen Mannes.

Am 10. März 1998 beglückte uns Fußballtrainer Giovanni Trapattoni mit einer Wutrede, die die deutsche Sprache um ein paar ***geflügelte Worte*** wie *»Spieler, die waren schwach wie eine Flasche leer!«* bereicherte. *»Ich habe fertig!«*

Klein, aber oho: ***Grisù*** ist zwar ein feuerspeiender Drache, aber sein Berufswunsch lautet trotzdem eindeutig: Feuerwehrmann! Klar, dass das nicht gutgehen kann … der kleine Drache ist eine Schöpfung der 70er, eroberte deutsche Kinderzimmer in den 90er Jahren aber noch einmal neu.

EINE ITALIENISCHE MENÜKARTE

VORSPEISEN / *Antipasti*

Insalata Caprese

Die Vorspeise führt die Insel Capri im Namen und kommt mit Tomate, Mozzarella und Basilikum in den Landesfarben daher. Sie ist das Nationalgericht.

Carpaccio

1950 in Venedig als Diätgericht erfunden, ist es als Vorspeise heute weltbekannt. Der Farbe des hauchzart geschnittenen rohen Rindfleischs entsprechend erhielt sie ihren Namen nach dem mittelalterlichen Maler Vittore Carpaccio, der leuchtende Rottöne bevorzugte.

Vitello tonnato

Das Gericht aus gekochtem Kalbfleisch mit Thunfischsauce stammt aus dem Piemont.

Bruschetta

Das »Arme-Leute-Essen« aus Mittel- und Süditalien bestand ursprünglich aus geröstetem Weißbrot, mit Öl beträufelt und Knoblauch eingerieben, heute wird es zumeist noch mit Zwiebel- und Tomatenwürfeln belegt.

1. GANG / *Primi piatti*

Minestrone

Italien als Gemüsegarten Europas liefert die vielfältigen Zutaten für die Gemüsesuppe, die ihr kräftiges Aroma durch mitgekochten, luftgetrockneten Bauchspeck (Pancetta) und die Zugabe von Parmesan erhält. In der Lombardei wird sie mit Reis, in Ligurien und der Toskana mit Nudeln, in den Abruzzen auch mit Linsen zubereitet.

Risotto ai funghi

Reis wird seit der Renaissance vor allem in der Po-Ebene angebaut. Für das Pilz-Risotto werden bevorzugt Steinpilze verwendet, ein gutes Glas Weißwein und Parmesan geben den feinen Geschmack.

Gnocchi di patate

Die Klößchen aus gekochten Kartoffeln werden mit geriebenem Parmesan verfeinert und zumeist mit einer Tomatensoße gereicht.

Tagliatelle al ragù

Tagliatelle sind die klassische Pasta aus der Emilia-Romagna (wo die Bewohner angeblich ihre Häuser in Nudelteig einwickeln): Bandnudeln, die mit einer Fleischsauce alla bolognese serviert werden, bestehend aus Hackfleisch, traditionell auch aus Geflügelleber, Zwiebeln, Möhren, Sellerie, Speck, Olivenöl und Rotwein.

2. GANG / *Secondi piatti*

Cacciucco

Das Fischgericht aus der Toskana besteht aus Fischen, Krebsen und Muscheln – mindestes fünf Sorten, wie der Name mit den fünf »C« es verlangt.

Zampone die Modena

Der »gefüllte Schweinsfuß« soll der Überlieferung nach 1510 während der Belagerung der Stadt Mirandola entstanden sein: Da die Därme zum Fleischgaren knapp wurden, griff man zu ausgehöhlten Schweinsfüßen.

Saltimbocca alla romana

»Spring in den Mund« heißt das um eine Parmaschinkenscheibe und Salbeiblätter gewickelte Kalbsschnitzel, das in vielen Ländern auf die Speisekarten gefunden hat.

Coda alla vaccinara

In Italien bestehen die Kühe (»vacca«) aus fünf Vierteln (»quinto quarto«): das gute Fleisch wurde verkauft, Kopf und Schwanz aßen die römischen Metzger selbst. Das Schmorgericht aus Ochsenschwanz hat einen süßsäuerlichen Geschmack.

DESSERTS / *Dolci*

Tartufo

Die italienische Eisspezialität aus Kalabrien bestand ursprünglich aus einer mit bitterer Schokoladensoße gefüllten Vanilleeiskugel, die wiederum mit einer Schicht aus Schokoladeneis umhüllt und mit Kakao bestäubt war. Inzwischen kennt man zahlreiche Variationen, darunter Tartufo Cioccolato aus Schokoladeneis und Tartufo Mokka aus Mokkaeis.

Tiramisù

Das Schichtdessert aus Löffelbiskuit und Mascarpone-Creme, aromatisiert mit Espresso und Amaretto, hat Vorläufer in der italienischen Küche, in der heute bekannten Form entstand es aber erst um 1970. Aus dieser Zeit stammt auch sein Name, wörtlich »Zieh mich hoch«.

Zabaglione

Die Erfindung der Weinschaumcreme mit Marsala wird gleich zwei Köchen zugeschrieben: Bartolomeo Scappi, einem berühmten italienischen Koch des 16. Jahrhunderts, und auch einem Koch am Hofe des Herzogs von Savoyen im 18. Jahrhundert.

Panna cotta

Die »Gekochte Sahne« wird unter Zugabe von Zucker und etwas Gelatine bereitet und stammt aus Norditalien.

Lombardei/Lombardia
Mailand/Milano
Silvio Berlusconi, Ettore Bugatti, Adriano Celentano, Marco Ferreri, Dario Fo, Alessandro Volta

Kampanien/Campania
Neapel/Napoli
Gian Lorenzo Bernini, Fabio Cannavaro, Enrico Caruso, Ruggero Leoncavallo, Francesco Rosi, Totò

Sizilien/Sicilia
Palermo/ (sizilianisch: Paliemmu)
Archimedes, Vincenzo Bellini, Alessandro Scarlatti, Antonello da Messina, Luigi Pirandello, Salvatore Quasimodo

Piemont/Piemonte
Turin/Torino
Giovanni Melchiorre Bosco, Carla Bruni, Fausto Coppi, Umberto Eco, Giuseppe Farina, Camillo Olivetti

Latium/Lazio
Rom/Roma
Cecilia Bartoli, Laura Biagiotti, Sergio Leone, Sophia Loren, Eros Ramazzotti, Roberto Rosselini

Toskana/Toscana
Florenz/Firenze
Roberto Benigni, Andrea Bocelli, Galileo Galilei, Niccolò Machiavelli, Michelangelo, Leonardo da Vinci

VON SÜDTIROL

Die 20 Regionen Italiens, ihre Hauptstädte

Emilia-Romagna
Bologna
Giorgio Armani, Bernardo Bertolucci, Ferruccio Lamborghini, Benito Mussolini, Luciano Pavarotti, Giuseppe Verdi

Sardinien/Sardegna
Cagliari (sardisch: Casteddu)
Pier Angeli, Enrico Berlinguer, Clemente Biondetti, Grazia Deledda, Antonio Gramsci, Gianfranco Zola

Südtirol/Alto Adige
Trient/Trento
Hansi Hinterseer, Markus Lanz, Reinhold Messner, Toni Sailer, Giovanni Segantini, Luis Trenker

Venetien/Veneto
Venedig/Venezia
Roberto Baggio, Giacomo Casanova, Pierre Cardin, Andrea Palladio, Marco Polo, Antonio Vivaldi

Ligurien/Liguria
Genua/Genova

Leon Batista Alberti, Christoph Columbus, Vittorio Gassman, Beppe Grillo, Eugenio Montale, Niccolò Paganini

Friaul-Julisch Venetien/
Friuli-Venezia Giulia
Triest/Trieste

Fedora Barbieri, Pier Paolo Pasolini, Italo Svevo, Susanna Tamaro, Elisa Toffoli, Dino Zoff

Kalabrien/Calabria
Catanzaro

Francesco Agri, Franz von Paola, Mia Martini, Mattia Preti, Mimmo Rotella, Donatella und Gianni Versace

Apulien/Puglia
Bari

Gianrico Carofiglio, Antonio Cassano, Alberico Di Cecco, Fabio Ferri, Enzo Fiermonte, Roberto Ottaviano, Anna Oxa

BIS SIZILIEN

und »bekannte Söhne und Töchter«

Molise
Campobasso

Davide Appollonio, Alberto Bonucci, Andrea d'Isernia, Eldo di Lazzaro

Aostatal/Valle d'Aosta
Aosta

Anselm von Canterbury, Federico Chabod, Dennis Brunod, Gloriana Pellissier, Sergio Pellissier

Marken/Marche
Ancona

Cyriacus von Ancona, Maria Montessori, Raffael, Gioachino Rossini

Umbrien/Umbria
Perugia

Monica Bellucci, Benedikt von Nursia, Alberto Burri, Ignazio Danti, Franz von Assisi, Stefano Tacconi

Abruzzen/Abruzzo
L'Aquila

Maurizio Angeloni, Italo Acconcia, Felice Barnabei, Ovid, Morgan De Sanctis, Nino Solari

Basilikata/Basilicata
Potenza

Anna Bonitatibus, Emilio Colombo, Ruggero Deodato, Egidio Duni, Donato Sabia, Franco Selvaggi

PERDINDIRINDINA!

2006 kamen im italienischen Fußball **Spielmanipulationen** von solchen Ausmaßen ans Licht, dass die Spitzenclubs Juventus Turin, AC Florenz und Lazio Rom zwangsabsteigen mussten. Juve wurden zudem die beiden vorangegangenen Meistertitel aberkannt, Mailand wurde aus der Champions League verbannt. 2013 brodelt es erneut, diesmal wegen Steuerbetrug …

»Pasta mit Katzenragout«? – Nein, danke. 2010 gingen die Tierschützer auf die Barrikaden: Ein Fernsehsender und eine Koch-Website priesen **Rezepte mit Katzenfleisch** an.

Im Juli 2013 verkündete der Vizepräsident des **Senats Roberto Calderoli,** wenn er seine Kollegin Cécile Kyenge – die erste farbige Ministerin des Landes – sehe, müsse er immer **an einen Orang-Utan denken.** Auch ermuntere ihr Erfolg illegale Einwanderer. Zurücktreten musste Calderoli trotz vielstimmiger Forderungen nicht.

8 SKANDALE

Am 26. Oktober 2011 kam es im **italienischen Parlament** zu einer **heftigen Prügelei** zwischen Lega Nord und der Opposition. Oppositionsführer Gianfranco Fini hatte über die Frau des Lega-Nord-Chefs gelästert, sie sei mit 39 bereits in Rente – ein heikles Thema mitten in der Debatte um die Wirtschaftsreform.

Silvio Berlusconi ist bekanntlich um keinen Skandal verlegen – hohe Wellen schlugen seine **Bunga-Bunga-Partys,** an denen minderjährige Prostituierte beteiligt waren. Dafür wurde er 2013 erstmals rechtskräftig zu einer Haftstrafe verurteilt, die er allerdings nicht antreten musste.

Die Region zwischen Acerra, Nola und Marigliano bei Neapel erweist sich als **»Dreieck des Todes«:** Über Jahrzehnte hat die Camorra dort unbehelligt illegalen Giftmüll abgeladen, der das Land verseucht. Und in schöner Regelmäßigkeit türmt sich in Neapel der Hausmüll auf den Straßen, weil der Giftmüll die regulären Deponien verstopft.

Im Frühjahr 2004 glaubten Eltern und Wissenschaftler, nicht richtig zu hören: Das Bildungsministerium **verbannte die Evolutionstheorie** aus den staatlichen Mittelschulen. Vor dem 14. Lebensjahr soll den Schülern nichts als die biblische Schöpfungslehre zugemutet werden. Amen.

Anfang der 90er kamen Ereignisse ans Licht, die man nur als **Verschwörung** bezeichnen kann: Italienische Geheimdienste, Rechtsextremisten, die NATO/CIA-Organisation Gladio und das konspirative Netzwerk Propaganda Due hatten in den 60er bis 80er Jahren terroristische Aktivitäten inszeniert, um die politische Linke zu diskreditieren. Bei diesen Anschlägen starben über 200 Unschuldige.

Grossartige Bauten –

Die Engelsburg,

ursprünglich als Mausoleum für Kaiser Hadrian errichtet, wurde später zur Fluchtburg der Päpste mit einer Tunnelverbindung zum Vatikan, beispielsweise für Papst Clemens VII. während des verheerenden »Sacco di Roma«, der Plünderung der Stadt durch deutsche, spanische und italienische Soldaten im Jahr 1527.

Das Kolosseum

war einst Schauplatz der grausamsten Gladiatorenkämpfe. Heute ist es ein Mahnmal gegen die Todesstrafe: Seit 1999 tauchen die Römer das Amphitheater jedes Mal, wenn sie irgendwo auf der Welt abgeschafft oder zumindest ausgesetzt wird, 48 Stunden lang in helles Licht.

Der pittoreske Mailänder Dom

ist nicht nur die flächenmäßig drittgrößte Kirche der Welt, der man als Tourist zudem aufs Dach steigen darf, hier ließ sich auch Napoleon Bonaparte am 26. Mai 1805 mit der Eisernen Krone der Langobarden, die einen Nagel vom Kreuz Christi enthalten soll, zum König von Italien krönen.

Kirche San Michele

Pavia war die Krönungsstadt der Langobarden. Im Vorgängerbau der heutigen ***Kirche San Michele*** wurde 774 Karl der Große gekrönt, und 1155 ließ sich »Rotbart« Barbarossa im gerade fertiggestellten Neubau die Krone aufs Haupt setzen.

GROSSE GESCHICHTE

Der Markusturm

ist das Symbol der Stadt Venedig, dessen Glocken den Bewohnern des Stadtstaates nicht nur den Gottesdienst, sondern auch jede Hinrichtung und jede Senatssitzung kündeten. Kaiser Friedrich III. erklomm den Aufgang zu Pferd, als er 1452 die Stadt eroberte. Anfang des 20. Jahrhunderts musste der Campanile allerdings neu gebaut werden – er war beim Versuch, einen Fahrstuhl einzubauen, vollständig eingestürzt.

Burg Canossa

Zwischen Bologna und Osram erhebt sich 576 Meter über dem Meeresspiegel die imposante ***Ruine der Burg Canossa,*** wo im Januar 1077 König Heinrich IV. auf seinem berühmten, wenngleich unter Historikern umstrittenen Bußgang Papst Gregor VII. entgegentrat.

Villa Borghese

Zu der von Kardinal Scipione Borghese 1605 erbauten ***Villa Borghese*** in Rom gehört ein weiträumiger Park, damals wie heute der Öffentlichkeit zugänglich. Die Villa beherbergt die wertvolle Kunstsammlung der Borghese. Allerdings musste Camillo Borghese bei seiner Eheschließung mit Pauline Bonaparte, der Schwester Napoleons, einiges rausrücken, so dass etliche Glanzstücke heute dem Louvre gehören.

Der Palazzo di Venezia

an der Piazza Venezia, heute Museum und Bibliothek, gilt als erstes großes Bauwerk der Frührenaissance in Rom, im Auftrag von Kardinal Pietro Barbo, dem späteren Papst Paul II. errichtet. In seiner wechselvollen Geschichte diente es Mussolini als Regierungssitz, der vom Balkon des Palastes seine Reden an die Römer hielt.

L·E·T·Z·T·E·S

DER LETZTE GEGENPAPST
... war von 1439 bis 1449 Amadeus VIII., Graf von Savoyen, als Papst Felix V.

DIE LETZTE MEDICI
... war die 1743 verstorbene Anna Maria Luisa de' Medici. Das Erbe des Clans vermachte sie Florenz unter der Maßgabe, die Kunstschätze nie aus der Stadt zu entfernen

DER LETZTE DOGE VON VENEDIG
... war Ludovico Manin, der die Stadt 1797 an Napoleon übergab, womit die Republik ihre Eigenständigkeit verlor

DIE LETZTEN WORTE des Südtiroler Freiheitshelden Andreas Hofer (am 20. Oktober 1810 vor dem Erschießungskommando):
»Ach, was schießt ihr schlecht!«

DIE LETZTEN WORTE von Camillo Cavour, Architekt der italienischen Verfassung (am 6. Juni 1861):
»Italien ist geschaffen, alles ist in Ordnung.«

DIE LETZTE REDE von Antonio Gramsci
... hielt er im Januar 1926 auf dem heimlich durchgeführten Kongress der Kommunistischen Partei Italiens in Lyon

DER LETZTE KÖNIG VON ITALIEN
... war Umberto II. mit einer Amtszeit von 33 Tagen. Bei Einführung der Republik 1946 ging er ins Exil

DIE LETZTE KOLONIE
... war Italienisch-Somaliland, das am 1. Juli 1960 unabhängig wurde und sich sofort mit dem seit fünf Tagen unabhängigen Britisch-Somaliland zu Somalia vereinte

DER LETZTE ITALIENISCHE PAPST
... war Johannes Paul I., mit dem 1978 nach nur einem Monat Amtszeit eine seit 1523 bestehende Kette abbrach

DIE (VORERST) LETZTE HEILIGSPRECHUNG
... erfolgte am 12. Mai 2013 für Antonio Primaldo und seine 800 Gefährten, die am 14. August 1480 in Otranto einem Überfall osmanischer Streitkräfte zum Opfer fielen

Gesamtgestaltung: Karoline Grunske
Im Buch wurden Motive von Bigstock.com verwendet.

Fachberatung: Christine Stazio-Feindt

Hinweise, Tipps, Korrekturen bitte an info@eulenspiegelverlag.de

ISBN 978-3-359-02404-0

Umschlaggestaltung: Verlag
Druck und Bindung: Salzland Druck, Staßfurt

Ein Verlagsverzeichnis schicken wir Ihnen gern:
Eulenspiegel · Das Neue Berlin Verlagsgesellschaft mbH & Co. KG
Neue Grünstraße 18, 10179 Berlin
Tel. 01805/30 99 99 (0,14 €/Min., Mobil max. 0,42 €/Min.)

Die Bücher des Eulenspiegel Verlags erscheinen
in der Eulenspiegel Verlagsgruppe.

www.eulenspiegel-verlagsgruppe.de